Louise Courteau

LA LANGUE DES OISEAUX
À la recherche
du sens perdu des mots

2ᵉ édition

Louise Courteau

Du même auteur :
– *L'Activité théâtrale au Québec (1765-1825)*, Montréal, Parti Pris, 1974, 410 p.
– *Les spectacles dramatiques en Nouvelle-France (1606-1760)* dans *Archives des lettres canadiennes : Le théâtre canadien-français*, Montréal, Fides, 1976, p. 33-57.
– « Théâtre, littérature et politique en 1837-1838 » dans *Aspects du théâtre québécois*, Trois-Rivières, Les Presses de l'UQTR, 1978, p. 1-24.
– *Le Voyage de Penja*, Sherbrooke, Éditions Naaman, 1985. Illustrations de Pierre Dupras.
– *L'Entre-deux amours, Ou 80 bonnes raisons… d'avoir tort*, Varennes/Montréal, Éditions de Varennes/Éditions de l'Homme, 1992.
– *Petite Histoire de la franc-maçonnerie au Québec*, Louise Courteau Éditrice, 2009.

ISBN 978-1-913191-27-6
Dépôt légal : premier trimestre 2013

Bibliothèque et Archives nationales du Québec
Bibliothèque et Archives Canada

Talma Studios International Ltd.
Clifton House, Fitzwilliam St Lower
Dublin 2 – Ireland
www.talmastudios.com
info@talmastudios.com
© All rights reserved.

Baudouin Burger

LA LANGUE DES OISEAUX
À la recherche
du sens perdu des mots

2ᵉ édition

Louise Courteau

À vous tous
qui m'avez appris
que les coudriers pouvaient
s'élever jusqu'aux cieux.

Introduction

Au commencement était le Verbe
C'est ainsi que la création de l'univers est expliquée dans le livre le plus lu au monde : la Bible, le livre des livres. Mais le Verbe, en tant que parole créatrice, est un vieux mythe inscrit dans beaucoup de religions et de cultures. C'est la langue adamique, la langue des origines qui aurait donné l'existence aux êtres et aux choses.

Cette langue divine est censée avoir laissé une trace sur Terre et cette trace, diversement nommée, est souvent appelée «langue des oiseaux». La métaphore est évidente : le volatile est céleste et son chant devient le langage intermédiaire entre les dieux, ou Dieu, situés au plus haut du ciel et les hommes situés sur la Terre. Il s'agit donc d'une langue imagée dont le but est de nous conduire en dehors du sens bien terre-à-terre des mots et, forcément, incomplet. Ceci expliquerait pourquoi les textes dits sacrés sont truffés d'images et de symboles.

Une langue métaphorique laisse place à diverses interprétations ou plutôt, elle ouvre l'interprétation et s'oppose ainsi à une parole figée, à un sens fixé. Nous en avons la preuve avec les multiples traductions de la Bible dont chacune est annoncée comme la plus juste[1]. Mais y a-t-il une meilleure manière de cacher un sens que d'en proposer plusieurs ? Ce fut la méthode employée par les occultistes au Moyen Âge jusqu'au XVIIe siècle. Avec la langue des oiseaux, ils disaient des secrets sans les dire et… sans se faire emprisonner – dans le meilleur des cas – par le pouvoir politique et religieux. À la Renaissance, Rabelais l'utilisa largement dans son enseignement de la «dive bouteille». Au XXe siècle, les alchimistes Fulcanelli et Canseliet reprirent cette tradition linguistique et la nommèrent «cabale phonétique». Dans leur décodage d'anciens textes, ils montrèrent, à la suite de Grasset d'Orcet, qu'elle devait s'accompagner d'une analyse

---

1. Toutes nos citations de la Bible sont extraites de la «Traduction œcuménique de la Bible» ou «TOB».

étymologique[2]. Plus proche encore de nous, et sans trop nous étonner de la part d'un écrivain mystique, Lanza Del Vasto disserte sur des mots-clés sans craindre de s'opposer aux explications rationnelles de la linguistique universitaire[3].

La langue des oiseaux, c'est l'utilisation délibérée des associations phonétiques et des analogies sémantiques en vue d'une interprétation autre du réel. C'est une langue imagée et beaucoup plus, sinon elle se confondrait avec la poésie. L'insistance sur l'image, le jeu et le message, telles sont les trois marques de ce type de discours. Alors, serions-nous en présence du discours humoristique qui les contient toutes? Le genre de message n'est pas le même. Les humoristes contestent les idées reçues et dénoncent à leur façon la société ambiante. Ces «joueurs de mots», à l'instar de Raymond Devos en France et Sol (Marc Favreau) au Québec, nous interpellent dans notre confort intellectuel avec leurs à-peu-près, leurs mots-valises et leurs équivoques. Tous ces procédés sont utilisés dans la langue des oiseaux, mais leur but est ici de soulever la couverture sur les mots afin de retrouver un ancien message qui a été caché par des siècles d'histoire. L'utilisation de la réflexion étymologique est donc aussi importante que celle du jeu de mots : les deux systèmes sont réunis pour contester les soi-disant certitudes proférées dans une langue soi-disant claire.

La langue des oiseaux est une langue chantante à l'oreille puisqu'elle joue sur la sonorité des mots. C'est une langue aérienne puisqu'elle offre la pluralité du sens, au lieu de la pesanteur d'un seul. Les oiseaux et les humains ont en commun ce goût de la liberté, celui de la liberté de la parole. Le mot *verboier*, issu de «verbe» pour parole, était utilisé jadis pour définir à la fois le chant modulé des oiseaux et le bavardage des humains. On voulait

---

2. Voir les analyses très pointues de Grasset d'Orcet dans la *Revue Britannique* à la fin du XIXe, ainsi que les articles de Fulcanelli : «La cabale hermétique» dans *Les demeures philosophales – 1*, Paris, Pauvert, 1979, p. 145-169, et d'Eugène Canseliet : «Langage et Cabale hermétiques» dans *L'alchimie expliquée par ses textes classiques*, Paris, Pauvert, 1980, p. 93-116.
3. Joseph Jean Lanza del Vasto, *Les étymologies imaginaires. Vérité, vie et vertu des mots*, Paris, Denoël, 1985.

signifier par là que le plaisir de la conversation tient autant, sinon plus, dans les jeux de mots et les images expressives que dans la transmission de la seule information.

Nous ne sommes plus au Moyen Âge et le délit d'opinion n'est plus puni par la torture, en Occident tout au moins. La caricature et le discours ironique ont maintenant leur rubrique dans les quotidiens. La langue des oiseaux n'est plus le paravent de l'opposition ou du secret, et son utilité semble réduite au décodage d'anciens textes mystiques et ésotériques. La conclusion est trop rapide. Aujourd'hui comme hier, les dirigeants de quelque groupe que ce soit, veulent amener leurs membres à penser « naturellement », c'est-à-dire comme eux. Leur mainmise sur le langage est fondamentale. Ils savent qu'en changeant le sens de certains mots et en suggérant fortement de l'accepter au nom de la modernité ou de la morale, ils auront de nouveaux alliés. Le *démon* a perdu son sens de génie protecteur pour être changé en une figure affreuse entre toutes. Le terme *américain*, sans l'attribut du nord, du sud ou du centre, est devenu le nom des seuls habitants des États-Unis d'Amérique. Interroger les mots dans leur histoire et leurs conventions fait perdre au langage sa prétendue transparence. En outre, déformer les mots sous certaines conditions, remet en question le discours rectiligne. Si nous écrivons *mort-dre* ou *mor-grr* au lieu de *mordre*, l'aura de la signification brille différemment. L'espace de la transgression linguistique n'est pas contradictoire avec la nécessaire adaptation au groupe ; il est opposé cependant à la réduction du sens.

La langue « correcte » est associée à la clarté. Le sens serait-il obscur dans la langue « incorrecte » ? C'est la langue usuelle, la langue parlée, la langue spontanée, bref la langue populaire. Pourquoi ses usagers fabriquent-ils des mots et des locutions résolument différents du langage des élites ? Pourquoi continue-t-on de les transmettre alors qu'ils n'ont plus leur référent ? Dans toutes ces expressions qui nous sont restées depuis si longtemps, il y a sûrement une résonance particulière pour que notre esprit veuille les conserver. Elles sont *populaires* dans les deux sens du terme. Le *goût de vivre* est-il une simple image ? Pourquoi le *pèze* au lieu de l'argent ? Parce que cela pèse dans la poche ? Avec son formidable registre et sa très grande expressivité, la langue usuelle peut facilement fuir devant l'imposition du sens ou du lexique : est-ce pour cela que nous l'appelons la langue « courante » ? Ce langage imagé et « pittoresque » est habituellement défini comme le « sens figuré » dans nos dictionnaires et il est opposé au sens premier ou sens propre. Pourtant, il demeure, à peine changé par de grands pans d'histoire, tout juste agacé par les modes idéologiques. Son objet n'est pas une information relative à un contexte, mais un enseignement universel. Pour cette raison, ne serait-il pas plus proche du réel ?

Le but de cet essai est d'interroger le sens des mots grâce à leur racine, grâce aux locutions où ils se réfugient, grâce à leur malléabilité sonore. Nous utiliserons les associations phonétiques et sémantiques afin de découvrir un nouveau sens… qui se trouvait déjà là. Nous emploierons le calembour, parfois facile, et le rapprochement de mots semblables ou presque en vue de stimuler la réflexion sur la notion analysée. Aussi, nous nous servirons du sens littéral dans telle expression, et très souvent de l'étymologie, savante ou populaire. Le radical « etymo » ne signifie-t-il pas « vrai » ? Bref, à l'égal des Anciens[4], nous utiliserons à notre tour la langue des oiseaux pour partir à l'aventure du sens.

Structurer une analyse portant sur les analogies, est plutôt paradoxal. Tel mot renvoie par le sens, par le son, par son origine, à tel autre qui, à son tour… Pour paraphraser Pascal, le langage a sa logique que la logique ne connaît pas ! Avec tout ce jeu de miroirs inhérent à la langue, la structure ne peut être que baroque, en dehors de la ligne droite et des compositions symétriques. Donc, le découpage de ce livre reste assez arbitraire. Avant d'analyser les mots d'esprit qui vont suivre, il nous paraît nécessaire de regarder en premier lieu l'esprit des mots. Puis, nous sonderons la langue sur sa représentation de l'humain dans le monde subtil des idées et des principes, des sensations et des émotions. Après quoi, nous aborderons les images qui nous montrent une adaptation plus ou moins réussie de ce bipède à son contexte social : le vocabulaire de l'éducation sera confronté à celui de nos

---

4. Le mot *Ancien* est attribué à tous les maîtres de sagesse précédant la Renaissance. Que l'on ait conservé leur nom ou pas, ils ont bien le droit à la majuscule !

malaises dans notre personnalité, notre corps et notre sexualité. Nous nous arrêterons sur ces normes et contre-normes qui, aujourd'hui comme hier, cherchent à enrégimenter le langage. Enfin, nous examinerons comment une langue imagée clarifie, d'une certaine façon, plusieurs concepts assez flous d'un univers dit spirituel. Ce que l'on appelle la mort et le domaine des ombres, ce que l'on appelle Dieu ou l'Unité, tout cela est traduit par des métaphores que nous avons conservées de nos ancêtres. Pour le détail de ces quatre parties, nous aurons recours à certaines notions considérées comme fondamentales dans notre société et nous nous référerons parfois au discours religieux puisqu'il participe à notre culture.

Souvent, on sera tenté de répondre que telle interprétation du mot n'a pas de pertinence puisque le même rapprochement ne fonctionne pas dans une autre langue. C'est fort probable. La façon de concevoir et d'appréhender le réel se manifeste évidemment dans la langue d'un groupe, et cela d'une manière particulière. Ceci n'empêche pas que la loi de l'analogie fonctionne pour toutes les langues et que son but est l'ouverture et la découverte beaucoup plus que la fermeture du sens. Mais, à la limite, la vérité n'est-elle pas la même, quelle que soit la langue qui la supporte? La langue des oiseaux est commune à toutes les langues. Le plaisir du jeu de mots aussi. Facile ou recherché, il est toujours signifiant. Le jeu, c'est sérieux!

I

HONNEUR DES HOMMES, SAINT LANGAGE

(Paul Valéry)

Chapitre I

Un mot vaut mille images

Le langage est polysémique : à chaque mot ou presque peuvent être attribués plusieurs sens ou significations. Prenons un exemple. Justement, prenons le mot « Mot ». Déjà, sous l'angle sonore, le segment de phrase « le mot *mot* » nous paraît bizarre. En plus, nous pouvons faire résonner le vocable « mot » de diverses façons : en élevant la voix, en la baissant, en la rendant plate, en l'allongeant sur une ligne mélodique, sur un ton d'exclamation ou d'interrogation. Nous pouvons l'accompagner de gestes, de mimiques, de déplacements pour mieux exprimer l'émotion ou l'intention. Il y a une lettre en trop : la lettre *t* que nous ne prononçons pas. Donc, nous prononçons « mo » et dire « le mo(t) mo(t) » peut rappeler la révolte des Mau-Mau au Kenya voilà un demi-siècle. À la limite, nous pensons à Momo, le personnage de *La Vie devant soi* d'Émile Ajar. Si nous récrivons le mot en inversant les sons, « mo » donne « om », qui nous fait penser au mantra « aum » des bouddhistes ou au « hom » des francophones, bref à l'« Homme ». Mais « om », c'est aussi toutes ces « OM » devenues maintenant familières : les OM-C (Organisation mondiale du commerce) et OM-S (Organisation mondiale de la santé). Quand même, ce terme « mot » a un sens, s'écrieront plusieurs ! Certainement : dans le *Petit Robert*, on lui attribue quatre sens ! Insistons encore. Nous savons et pouvons facilement vérifier que la signification d'un terme dépend très souvent du sens global de la phrase où il est inclus, ou du contexte de communication. « J'ai deux mots à te dire » contraste avec « À moi, Comte, deux mots. » de Rodrigue, dans la pièce de Corneille. Enfin, ce « Mot » aura une nuance différente selon sa graphie, l'image avec laquelle on le traduit graphiquement. Nous le dessinerons avec des angles ou des rondeurs, dans un carré, etc. L'impression n'est pas la même. Par conséquent, avec le son et le graphe, un mot peut contenir une puissance qui déborde de son sens.

Appeler les choses par leur son

SOUFFLER LA RÉPONSE

Notre respiration s'accompagne naturellement de bruits dont une partie est codifiée sous le nom de *son*. Respirer et parler emploient des organes semblables. Dès le départ, la *langue* est vue en même temps comme un organe et comme un système d'expression : parler avec fermeté, c'est NE PAS MÂCHER SES MOTS. Articuler des syllabes et des mots est une activité physique et, comme telle, elle exprime nos émotions, nos tensions, nos intentions. Du reste, le terme *mot* est lui-même issu d'une onomatopée, *mu* en latin, exprimant le bourdonnement. Arrêter de parler, c'est NE PAS SOUFFLER MOT. Lorsque le médecin nous demandait de dire *trente-trois*, ce chiffre verbalisé plusieurs fois permettait un diagnostic sur l'état des poumons. Le mot était pris à l'état vibratoire, avec sa consonne vibrante « r ».

Notre parole est toujours accompagnée de mouvements du visage, de gestes et d'attitudes. Le corps manifeste différemment le « oui » et le « non ». Notre expression physique est autant, sinon plus importante que le message émis. Les formules toutes simples comme « Je t'aime » ou « Je te hais » peuvent être exprimées de tellement de façons. Un mot « grossier » ne l'est plus tout à coup et un mot doux devient maintenant mécanique. Face à une forte tension, comme la peur, nous parlons par interjections afin de libérer la respiration qui était bloquée. Mais ces interjections sont apprises et relatives à notre culture. Le « han ! » du bûcheron est le cri de l'effort de tous les bûcherons français. Lorsque nous avons froid, c'est « Brrr ! », lorsque nous voulons attirer l'attention c'est « Pst », ou plutôt « Psitt » puisqu'il nous est difficile en français de prononcer trois consonnes de suite. Une peur un peu forte, et nous répondons par des injures et des insultes où l'intensité de la voix renforce le message relatif à nos hantises et nos tabous. Une peur très grande, et notre cri n'a plus de contenu codifié. Nous retrouvons alors notre réflexe animal de réagir devant l'attaque, d'affirmer notre pouvoir, de protéger notre territoire. Terrorisés, nous devenons muets un court moment.

COQS ET COUCOUS SONT COCUS

Face au danger d'un animal prédateur, les premiers hominidés en ont-ils voulu reproduire le cri pour avertir leurs congénères ? N'utilisons-nous pas encore des cris aujourd'hui pour communiquer ? À la campagne, lorsque nous voulons signaler au cheval de tourner à droite ou à gauche, les « hue » et « dia » respectifs suffisent. Lorsque nous voulons reproduire le chant du coq, les Anciens nous ont transmis qu'il dit *cocorico* et spontanément nous les croyons lorsque nous entendons son chant : nous entendons cocorico ! Mais pourquoi un coq étranger chante-t-il différemment ? Pourquoi le coq romain chantait-il *cocococo* ? Pourquoi *cock-a-doodle-do* pour un coq anglais, *quiquiriqui* pour un coq espagnol ou *kukeleku* pour un coq hollandais ? Les onomatopées sont les traductions approximatives des sons environnants, selon un système sonore spécifique à une langue. Imaginons la difficulté de traduire les imitations sonores dans une bande dessinée américaine ou japonaise. Le « Bang » du coup de feu fut emprunté à l'anglais voilà un demi-siècle et pourtant, les canons français continuent de faire « Boum » dans nos illustrés. Restons dans le domaine animal : sur quelque 90 mots exprimant le cri des animaux, soixante pour cent concernent le chant des oiseaux. L'aigle *glatit*, le canard *nasille*, le coucou *coucoule*, la mésange *titine*, etc.[5] La plupart sont fabriqués par onomatopées, dans le genre *cacarder* pour l'oie, *coqueriquer* pour le coq, *croasser* pour le corbeau, *glouglouter* pour le dindon puisque *glouglou* serait le bruit de l'eau dans un conduit. Avec un registre aussi large, pourquoi ne parlerions-nous pas des ANIMOTS ? Il nous arrive bien de *caqueter* comme la poule, de *cancaner* comme le canard contre son voisin qui *serine* toujours la même chose, de *jacasser ou de jacter* comme la pie, de *jaser* comme le geai, voire de *glousser* de rire comme certains de nos volatiles !

---

5. Henry Bertaud du Chazot, *Dictionnaire des synonymes*, Paris, Dictionnaires Le Robert, « Les Usuels du Robert », 1983, p. 140-141. Voir aussi Pierre Enckell et Pierre Rézeau, *Dictionnaire des onomatopées,* Paris, PUF, 2003.

BÉBÉ M MAMAN

Tous les sons de la nature ne sont évidemment pas reproduits dans le langage. Nous ajouterons qu'aucun son ne l'est exactement. Nous pouvons seulement les traduire dans le code phonatoire commun au groupe. Toutefois, nous avons des mots sonorisés presque naturellement, à cause de la configuration de notre appareil vocal. Prenons l'exemple de deux phonèmes : le **m** et le **b**.

Dans presque toutes les langues, la première période du babil du bébé consiste en la succession d'un son vocalique et d'une articulation consonantique, ce qui est l'ordre de l'ouverture de la bouche suivie de sa fermeture. Puis l'enfant s'attache au modèle plus conventionnel de la consonne suivie d'une voyelle. Cette combinaison consonne-voyelle est particulièrement intéressante par rapport à la relation enfant-parent. À la suite de plusieurs auteurs, Roman Jakobson a très bien montré que, dans la plupart des langues et sans nécessairement qu'il y ait une relation historique entre elles, le concept mère-nourriture est exprimé verbalement par la consonne nasale **m**[6]. Ce son est, en réalité, produit par l'activité de succion, au sein ou au biberon, de l'enfant : celui-ci identifie alors le murmure échappé de ses lèvres à son bien-être. Ce murmure : le [m], devient par la suite le signal anticipé de la nourriture et du contentement. Il sera traduit et renforcé par la **m**ère en **M**a**m**an, **M**a**mm**a, **M**o**m**, etc., selon la langue de communication. Ici, nous pouvons dire que la notion de LANGUE MATERNELLE est soudée au réel. Plus tard, nous continuerons d'exprimer ce qui est bon avec des interjections comme **m**ia**m**-**m**ia**m** ou **m**iou**m**-**m**iou**m**… Encore meilleur, c'est **Mmmm** ! Nous dirons même à quelqu'un « Je t'aime », c'est-à-dire « Je t'**èM** ».

Puisque nous parlons du **b**é-**b**é, du **b**a**m**bin et de son **b**abil ou de son **b**o**b**o, restons quelques instants sur la lettre **b** et, sans le **b**iberon, entrons dans le domaine adulte. La **b**ouche, **b**ar**b**ouillée ou non, est associée à la nourriture et au langage. Grâce à la bouche, à tout notre **b**agout et notre **b**aratin, nous **b**a**b**illons, nous **b**avardons, nous taillons une **b**avette, nous

---

6. Roman Jakobson, « Pourquoi "Papa" et "Maman" » dans *Langage enfantin et aphasie*, Paris, Seuil, « Arguments », 1969, p. 119-130.

blablatons, nous bafouillons, nous balbutions, nous bavassons, nous bégayons, nous baragouinons et nous bredouillons. Remarquons que ces actes de parole concernent davantage la qualité de l'élocution que la qualité du message. Dans la langue populaire, un message écrit est lui aussi oral en quelque sorte puisque ce peut être une bafouille, une babille, une babillarde où l'on raconte des bobards sur le babillard. D'un autre côté, la bouche, c'est également le baiser, le bec, le bécot, la bise, le bisou, bref le contact des lèvres, l'expression physique de la labiale b des babines. Quand ils sont boudeurs, les Québécois vont « faire la baboune » ou bougonner au lieu de brailler. Une grande ouverture et le verbe *béer* se présente. C'est d'abord une onomatopée exprimant l'expulsion de l'air produite par la bouche et les lèvres : bée. En outre, nous remarquons un hiatus bé-er ou le contact de deux sons vocaliques, si bien qu'en prononçant le mot, la bouche reste ouverte plus longtemps. Sans vouloir bailler, nous sommes éba-his, ébaubis, la bouche bée. Étonnés, surpris, la bouche ouverte, nous en restons baba. Spontanément, nous pensons qu'une porte bé-ante est plus grande ouverte qu'une porte ouverte !

L'expressivité sonore du langage est fondamentale. Parfois, on entend dire que la langue française n'est pas précise puisque, par exemple, *aimer* est lié autant aux aliments qu'aux humains. Mais, pour nous, AIMER [èmé] a un rapport direct avec la bouche. Alors, qu'importe le domaine en cause, nous restons cet enfant qui, avec la bouche, aime tout ce qui est bon. Ce qui est très très bon, c'est un BON-BON. Nous appelons « langage bébé » cette économie de la langue par la répétition syllabique. Dans les faits, il provient surtout du parent qui retrouve cet ancien plaisir de s'amuser avec les sons. Lorsqu'on dit « Bébé va faire pipi dans le popot », il y a là une communication simple et naturelle. Une BON-BONNE ne prend pas de m devant le b ! La langue est d'abord un code sonore, avec des sonorités que nous aimons et d'autres moins. Rappelons-nous ces voix qui nous charment et ces autres qui nous horripilent à la radio, qu'importe le contenu du discours. En plus, que chacun de nous s'écoute quelques instants : non pas quel est le mot, mais quel est le son qui résonne fortement dans notre inconscient ? Pourquoi celui-ci au lieu de tel autre que préfère sans trop le savoir notre voisin ?

TOUT CELA, ÇA RIME À QUOI?

La répétition d'un phonème, d'une syllabe, d'un mot crée un effet de rythme qui nous rend plus aptes à saisir et retenir le message. L'emploi particulier des sons pour viser un effet réduit la différence entre la langue populaire et la langue poétique. Quand il s'agit des assonances, ou la répétition d'un son vocalique, elles ont un résultat paradoxal : elles nous font retenir le message en même temps qu'elles nous le font oublier. Que ce soit l'expression «À la queue leu leu» ou le «Métro-boulot-dodo» de Mai 68, nous les répétons presque par automatisme. Nous ne pensons plus guère aux loups (*leu*) ni aux travailleurs au salaire minimum. La formule, parce qu'elle est musicale, frappe notre esprit.

Lorsque nous expliquons notre comportement ou que notre discours est confus, l'interlocuteur nous interrompt parfois par : «À quoi ça rime tout ça?». En effet, il n'y a pas de cohérence ou de logique, même pas de logique sonore. L'utilisation d'un son répétitif a l'avantage au moins de bien mémoriser les proverbes. «Qui vole un œuf vole un bœuf» nous est resté bien que son sens littéral ne s'applique plus en regard du bœuf pour une société largement citadine. De toute façon, le son et le message sont liés car on ne peut faire rimer n'importe quoi pour s'en souvenir, sinon ÇA NE RIME À RIEN. Le plaisir doit être présent, comme dans les expressions «À la tienne, Étienne», «Allons-y, Alonzo», «Et vlan dans les dents!». On ira même jusqu'à gauchir la grammaire pour que la rime soit efficace, comme dans «Café bouillu, café foutu». Sentences et proverbes emploient la rime : si «Araignée du matin, signe de chagrin ; Araignée du soir, signe d'espoir» est bien connu, c'est aussi parce que la formulation est courte. Parfois on ajoutera, ce qui demande un petit effort : «Araignée du midi, signe de souci». La formule «Vivre sa vie» est un pléonasme, mais l'allitération du **v** et la répétition de [vi] suffisent pour l'imposer comme quelque chose de sensé, voire d'essentiel.

Le domaine de la publicité est friand de la formule toute faite où les mots se répondent par l'écho. C'est assez facile dans notre langue où à peine un mot sur mille ne rencontre pas son correspondant pour la rime[1]. Maintes fois, on cherche à frapper l'inconscient par de subtiles combinaisons sonores. Ce procédé est évident dans les marques de parfums, les modèles de voitures, maintenant dans le domaine informatique. Avec les noms de sites sur la toile Internet, l'approximation phonétique est fréquente. Par exemple, *Onatoo.com* qui est un site de vente aux enchères, réduit la phrase « On a tout » en un seul mot qui devient son nom, sans oublier d'ajouter une vague connotation anglo-américaine due à la graphie « too ». Détaillons l'exemple de la célèbre moutarde *Amora*. Si nous transposons les lettres, AMORA est l'anagramme d'AROMA : justement, c'est l'arôme de cette épice qui la distingue des autres sur le marché. En plus, AmorA rime clairement avec AromA, et leurs sons se confondent presque. Enfin, dans AMORa nous avons AMOR, c'est-à-dire AMOUR. Cette promesse finale, inconsciente, est le déclencheur de l'achat. Dans cet exemple, il n'était nul besoin d'une image subliminale, comme il s'en dessine tant sur les étiquettes, pour faire croire que cette marque était la meilleure : la sonorité du nom et sa connotation ont suffi. C'est ce qu'avait compris Armand Rheault qui joua avec la sonorité et la graphie de ses nom et prénom pour former AMARO (amar-eau), une eau de source québécoise réputée.

V'LÀ LE BEAU MOT, V'LÀ LE JOLI MOT

L'emblème de notre identité sociale est-il basé sur les sons ? Les parents donnent un pré-NOM à l'enfant, la plupart du temps pour sa résonance musicale, non pour son sens, lequel ils ignoreront probablement toute leur vie. Et le sens de ce prénom existe cependant ! Mais tels sons nous plaisent et on ne sait pourquoi, avec tout ce que nous projetons sur cette musique particulière face à l'enfant, nous pensons que c'est un « beau nom ». Pourquoi ce plaisir d'inventer un surnom à la personne que nous aimons, souvent la

---

1. Exactement 64 mots ne riment pas : par exemple cirque, poivre, soif. Voir René Droin, *Dictionnaire extraordinaire des mots ordinaires*, Paris, Belfond, 1991, p. 248-249.

répétition d'une syllabe de son prénom ? « De la musique avant toute chose » disait le poète, et nous ajouterons : de la musique pour ceux que nous aimons.

Beaucoup d'entre nous estiment qu'il y a des mots plus jolis que d'autres, que ce soit par habitude linguistique, par le contexte personnel, ou par leur qualité intrinsèque[2]. Avec le verbe aimer, l'expression «Je t'aime» peut sembler plus jolie à l'oreille que le rapide «Cht'aim» et moins que «Je t'aimE» avec le *e* final accentué. L'expressivité est une donnée subjective, donc contestable, ce qui ne veut pas dire qu'elle est automatiquement fausse ! Il y a des mots dont le signifiant sonore l'emporte sur le signifié ou sens. Quand bien même nous ignorerions le sens ou l'objet en cause, le nom résonne en nous. Sans dictionnaire, nous imaginons cet être *dégingandé*. Nous imaginons ces fleurs que sont l'*azalée* et le *lis* : à leur sujet, notre image est-elle si différente de celle d'un autre francophone ? Et si nous dessinions un *asphodèle* ? Les noms de tissus comme la *mousseline* et la *gaze*, sont doux à l'oreille et combien sur la peau ! Pourtant, ils réfèrent à des noms de villes étrangères, mais ils ont été francisés et acceptés pour leur évocation. Un autre tissu ? Que diriez-vous du *tulle* ? Sans le connaître, est-il léger ou grossier ?

Dans la langue française, les suffixes *–ard*, *–atre* et *–aille* sont généralement dépréciatifs, ainsi que les *–eux* ou *–euse*[3]. Le texte d'un *journaleux* est moins fiable que celui d'un *journaliste* ! Avec le son [ar], nous avons la *hiérarchie*, tant de fois contestée ! Un *ignare* est plus ignorant qu'un *ignorant*. *Faiblard* est pire que *faible*. Un *richard* est moins bien vu qu'un *riche*. Un *soudard* est moins fréquentable qu'un *soldat*, même si l'étymologie est commune. La *mangeaille* est moins appétissante qu'un repas. En fait, ces suffixes péjoratifs appartiennent surtout à la langue populaire. Les *entrailles* sont moins ragoûtantes que les intestins. Un teint blême, passe encore, mais qui veut d'un teint blaf-*ard*, jaun-*âtre* ou jaun-*asse* ?

---

2. Voir René Droin, *Le livre des jolis mots*, Paris, Belfond, 1993 et l'analyse phonétique très fouillée d'André Spire : *Plaisir poétique et plaisir musculaire*, Paris, José Corti, 1986.
3. Au Québec, le suffixe -oune tend à être péjoratif. Par exemple dans guidoune, nounoune et pitoune, mais nous avons aussi l'affectueux chouchoune.

BARBARISSIMOTS

Même dans les meilleures familles, il y a des brebis galeuses et les FAMILLES DE MOTS n'y échappent pas! Nous y croisons des FAUX FRÈRES et des FAUX AMIS! Ces fautes n'en sont pas tout à fait du point de vue d'une certaine logique sonore et sémantique, mais la forme et le sens de deux termes risquent d'introduire une confusion. La *conjoncture* et la *conjecture* sont assez proches pour mettre à dos les partisans d'une langue correcte et les utilisateurs de la langue courante.

L'étymologie populaire s'appuie sur les ressemblances phonétiques. Même si elle est fausse au niveau du sens et de l'histoire, l'écriture des mots doit nous sembler logique! Quand on parle d'UN REMÈDE DE BONNE FEMME, peu nous importe qu'on ait voulu dire un remède de bonne *fame* ou de FAMeuse renommée, nous nous souvenons avec affection de notre mère, ou grand-mère, qui nous préparait une décoction à sa façon. La pantoufle de VERRE de Cendrillon nous est plus familière et plus fabuleuse que celle de VAIR, cette fourrure d'une espèce d'écureuil. De même, nous sommes convaincus que le *pèze* est appelé ainsi parce qu'il pèse dans la poche ou la bourse. Un *chanoine* sera toujours un CHAT-MOINE pour les écoliers et une *taie* d'oreiller s'appellera tout à fait logiquement une *tête* d'oreiller. Combien de fois faudra-t-il répéter qu'une *stalagMite* Monte alors que la *stalacTite* Tombe! Vivant dans la forêt, un peuple est forcément *arborigène*. C'est aussi grâce aux jeunes et à leurs « erreurs » langagières que la langue française reste une langue vivante.

Quand on veut fortement s'appliquer à ne pas faire de fautes, c'est justement cette tension qui en provoque. Si nous prenons l'exemple classique de *dilemme*, nous savons qu'il y a un problème avec ce mot et qu'il faut rester vigilant : par conséquent, nous l'écrirons et prononcerons *dilemne*. De cette façon, le mot devient compliqué et comme un peu partout on nous serine que la langue française est compliquée, donc ce doit être la bonne écriture! Nous savons la difficulté d'une bonne recette de homard : nous le ferons préparer à l'*armoricaine* au lieu de l'*américaine*. C'est meilleur évidemment... Un autre problème que ces pommes de terre qu'il vaut mieux servir en ROBE DES CHAMPS qu'en robe de chambre : c'est plus prude!

Les célèbres aventures d'Astérix et d'Obélix nous conduisent à hésiter entre *astérisque* et *astérix*! Qu'importe l'effort, notre réflexe est de dire *aéropage* au lieu de *aréopage*, *carapaçonner* au lieu de *caparaçonner*, *rassénérer* au lieu de *rasséréner*. Un *idiotisme* sera une chose idiote au lieu d'une contruction ou d'une expression propres à une langue. Enfin, un *infractus* est plus facile à comprendre qu'un *infarctus* à cause de l'idée de *fract*ure. La liste des mots voisins par le son et différents par le sens (ou paronymes) est longue, et elle participe à ce qu'on appelle les difficultés de la langue française. Toutefois, les équivoques sont utiles d'une certaine façon puisqu'elles font la joie des enseignants et des agents d'assurances qui collectionnent ces perles afin de nous les faire partager.

Les paronymes piègent notre inconscient et notre culture. Prenons un exemple culturel : il concerne le plus grand mammifère lémurien vivant à Madagascar qui est appelé *indri*. D'abord, pourquoi appeler cette sorte de singe un *lémurien* ? Comme cet animal profère le soir des cris « mélancoliques » et comme il se manifeste généralement la nuit, il rappelle les *lémures*, ce nom que les Romains de l'Antiquité donnaient aux spectres des individus décédés. Nous sommes déjà loin des classifications animales selon l'anatomie et le genre de vie. Il restait à donner un nom à cette espèce particulière. À la fin du XVIIIe, le naturaliste français Sonnerat l'appela INDRI qui est la traduction sonore de l'exclamation des Malgaches devant l'apparition de l'animal. En vérité, INdRI était assez facile à entendre et à nommer de la part d'un chrétien qui est habitué à voir INRI inscrit en haut de la croix. Comme le dit l'expression, Sonnerat a entendu ce qu'il voulait bien entendre et cru ce qu'il voulait bien croire. Quant à l'exclamation indigène « indri », elle veut dire « Le voilà ! ».

Freud souligna l'importance de nos fautes sonores ou lapsus[4]. Elles révèlent un côté caché de notre esprit bien sûr, mais pourquoi ces confusions phonétiques ne seraient-elles pas nécessaires pour oxygéner cet esprit face aux contraintes du sens « normal » et imposé ? Pourquoi réduire cette parole

---

4. Sigmund Freud, *Le mot d'esprit et sa relation à l'inconscient*, Paris, Gallimard, « Folio Essai », 1988.

erratique à un dysfonctionnement ? Apprenons à NE PLUS AVOIR PEUR DES MOTS, employés consciemment ou non.

DES MOTS POUR LE DIRE

Quand on dit d'une poupée, d'une marionnette ou de tout autre objet anthropomorphe qu'il ne lui manque que la parole, on veut par là signifier qu'il lui manque la vie pour nous ressembler totalement, à nous les humains doués de parole. Nous nous distinguons de l'autre par l'utilisation personnelle, orale ici, du code linguistique. Cependant, celui qui parle et répète, celui qui ordonne et dicte ses ordres devient un *dictateur*. On aura intérêt à suivre son É-DIT sans rechigner, le SUIVRE À LA LETTRE, sans le CONTRE-DIRE. Pourtant, nous le savons que c'est un BONI-MENTEUR avec ses *slogans* qui dans son cas, réfèrent exactement à un cri de guerre, au cri de guerre des clans écossais : *sluagh-gairm!*

Adultes, nous aurons DROIT À LA PAROLE, ou nous prendrons ce droit, car nous serons considérés comme responsables et notre parole, en principe, ne sera pas formée de MOTS EN L'AIR. Pour nous, PRENDRE LA PAROLE, ce sera prendre le pouvoir, tout au moins le pouvoir des mots. Pour conserver cette emprise, il suffira parfois d'ENDORMIR PAR DE BELLES PAROLES ou encore d'AVOIR LE DERNIER MOT. Mais dans les campagnes, voilà un demi-siècle, MANQUER À SA PAROLE pouvait aller jusqu'à l'exclusion du groupe. CROIRE SUR PAROLE facilitait les transactions au marché. Avant le mariage, les amoureux se fiançaient et DONNAIENT LEUR PAROLE... et ils se devaient de RETIRER LEUR PAROLE, clairement et devant l'autre, avant de regarder ailleurs si l'herbe était meilleure. Ils devaient SE DÉ-DIRE. Souvenons-nous, lorsque nous étions enfant, de notre profonde déception lorsque cet adulte qui avait promis telle chose, ne voulait pas TENIR SA PAROLE. Pour éviter l'engagement, il lui suffisait de NE PAS DIRE UN TRAÎTRE MOT, de ne pas REVENIR SUR SA PAROLE, de ne pas SE LAISSER PRENDRE AU MOT, de ne pas dire DES PAROLES EN L'AIR. Nous avions eu envie de lui FAIRE RENTRER LES MOTS DANS LA GORGE parce que c'était un ABUS DE LANGAGE.

Dessine-moi un mot

« Aujourd'hui, nous allons dessiner des lettres », annonce la maîtresse aux enfants nouvellement arrivés à l'école. Ils ont appris à prononcer les mots d'une certaine manière et à les rassembler. Maintenant qu'ils savent parler le code, il reste à le savoir écrire. Ce dessin des lettres ne nous appartient plus guère, actuellement, avec l'utilisation des ordinateurs. Toutefois, les jeunes ont inventé de nouveaux codes dans les réseaux de clavardage sur Internet : écrire en majuscules équivaut à hurler dans le langage « texto » et les images des « binettes » équivalent à des formules de communication. Ceci n'empêche pas que nous aurons toujours autant de plaisir à recevoir une lettre d'amour... parce qu'elle est écrite à la main. Écrire, c'est graver, tracer des caractères qui dévoilent notre caractère. Notre SIGN-NATURE, c'est le signe de notre nature. En principe, on devrait reconnaître qui est le graffiteur par la forme de ses lettres sur les murs. Par ailleurs, la graphologie est utilisée discrètement par de grandes entreprises pour choisir un membre de la direction...

Écrire, c'est dessiner les mots. Avec les calligrammes où les lettres d'un terme ou d'une phrase forment un dessin signifiant, on a littéralement LE SENS FIGURÉ. On connaît le « Je t'aime » écrit en forme de cœur. Plusieurs mots font partie du LANGAGE IMAGÉ et là, c'est à PRENDRE À LA LETTRE OU AU PIED DE LA LETTRE![5] Par exemple, un **T**-shirt ne peut être remplacé par son terme, joli par ailleurs de *gaminet*, car la lettre **T** majuscule évoque l'image des bras étendus et du torse. Écrire *tee-shirt* n'évoque rien. Que dire du mot *gros* qui vient du latin *crassus* et dont on altéra la voyelle **a** en **o** pour mieux exprimer la grosseur. Si nous voulions être logiques, nous devrions écrire gr**O**s et gr**O**ssesse! Ou bien toujours en majuscules pour donner la même idée : *GROS* est plus gros que *gros*. Avec deux ronds, ou deux **o**, nous avons le préfixe « Oo » qui signifie l'œuf et... sa forme. Un « œuf » ne sera jamais

---

5. Pierre Rézeau a voulu recenser ces lettres-mots dans son *Petit dictionnaire des chiffres en toutes lettres*, Paris, Seuil, « Point virgule », 1993. Nombreux sont les poètes qui ont voulu expliquer la signification des lettres par leur forme, mais nous n'avons retenu ici que quelques exemples assez évidents.

un « oeuf » ! Même si la lettre **H** nous rappelle d'abord la bombe atomique, elle demeure nécessaire pour l'idée de hauteur. La **H**auteur ou **h**auteur : nous montons l'échelle avec son barreau ou nous montons la marche pour nous élever. Aucune réforme de l'orthographe ne nous fera croire que nous montons en « aut ». N'est-ce pas pour cela que nous disons spontanément, à propos de certains écrivains qu'ILS SONT À LA HAUTEUR vu qu'ils sont de « grands » AUTEURS ? Font-ils HAUT-ORITÉ ? Serait-ce aussi hau**t** s'il n'y avait pas le « t » final et sa plate-forme pour observer le panorama ? Dans le même registre, un accent circonflexe à la cîme d'un arbre serait tout à fait naturel, comme il l'est pour le faîte. Une maison peut être disposée en **L** et la sentinelle sera DROITE COMME UN **I**, quitte à lui METTRE LES POINTS SUR LES **I** si elle n'a pas la bonne position. Combien sont justes les mots **U**rne et **V**ase avec leur expressivité visuelle ! Et que dire du dieu **Z**eus et de son éclair en **z**ig**z**ag, ou de **Z**orro, sorte de demi-dieu qui marque sa lettre **Z** au front du méchant avec son fouet.

Voir les mots comme des lettres vise aussi la loi du moindre effort. Quand il n'y a rien à signaler, c'est **R.A.S.** Quand on veut accomplir une bonne action, on fait sa **B.A.** Plus récent, un **VTT**, c'est un **V**élo **T**out **T**errain qu'utilisent les *vététistes*. Il suffit parfois d'une seule lettre pour deviner le mot : ce procédé est particulièrement utilisé pour des domaines que nous estimons comme tabous. **M** nous fait penser à quel mot de cinq lettres ? Quant au *système D* (pour *débrouille* ?), il est traduit plus clairement par *démerde* dans le langage populaire. Le contenu des films **XXX** n'est pas inconnu à la puissance trois pour la plupart des spectateurs... L'*hépatite B* ou *C* peut être attrapée de différentes façons d'après la publicité médicale, même si on conseille d'abord le préservatif pour l'éviter ! Nous verrons plus tard ce qui en est pour les lettres **Q** et **S**.

À la limite, le mot qui est vu comme un simple assemblage de lettres, peut être source de plaisir. Nous avons les mots croisés, les mots fléchés, les mots mystères qui font le bonheur de nombreux adeptes, comme en témoignent les revues qui y sont exclusivement consacrées. Le mot est à reconstituer selon un critère spatial : tant de cases dans telle direction, avec une définition souvent tordue qui est là pour nous aider... C'est l'inverse du processus habituel : non plus trouver le sens d'un mot, mais le mot d'après le sens. Et ce sens nous intéresse-t-il vraiment ? Ce qui est relatif au raisin en quatre lettres, c'est *uval* comme le savent les cruciverbistes. En réalité, ce mot ne nous dit rien ! Ce qui rassemble ces amateurs, c'est de répondre aux définitions sans se préoccuper réellement du référent. L'automatisme joue pour le fleuve qui passe à Saint-Omer (*Aa*), la patrie des frères Anguier (*Eu*), ce qui s'assèche rapidement (*ru*). Dans les mots à deux lettres toujours, lorsque la définition est *bradype* on répond *aï*. Combien peuvent localiser Eu ou Saint-Omer ? Qu'est-ce qu'un ru ? Quant au aï, pas de problème c'est un bradype ! Ces quelques exemples nous montrent bien que l'intellect puise sa substance un peu partout, y compris dans de simples lettres.

Abracadabra !

LA MAGIE DU VERBE

En examinant la langue du point de vue de la sonorité ou du graphisme, nous nous apercevons que la définition officielle des mots reste incomplète. De diverses façons, nous interprétons ces derniers. Nous projetons en eux le pouvoir de maîtriser le réel ou une espérance de clarté, bref tellement de choses qui ont peu de rapport avec le sens accepté, celui du dictionnaire usuel. En vérité, dès le début de l'écriture, ce système de signes fut considéré comme magique : par sa symbolisation il est le lieu de la transcendance et par son utilisation, écrite ou orale, il est lui-même transcendance. Avant tout, le *mythe*, quel qu'il soit et de par sa définition première, c'est une suite de paroles qui ont un sens. Les prêtres avaient censément reçu le pouvoir créateur de la parole et le Grand Prêtre juif était seul habilité à prononcer LE Nom propre de Dieu pendant que les fidèles se prosternaient. Les scribes égyptiens avaient droit à de grands égards en raison du caractère sacré de leurs hiéroglyphes. Dans l'*Évangile selon Jean* (1,1), lorsqu'il est dit « Au commencement était le Verbe », le mot *Verbe* est écrit avec une majuscule, de même que dans les versets suivants. Dans la Genèse (2,18*)*, le Seigneur demande à l'homme de nommer les animaux pour les faire vivre : « Tout ce que désigna l'homme avait pour nom "être vivant" ; l'homme désigna par leur nom tout bétail, tout oiseau du ciel et toute bête des champs ». Les religions et philosophies transcendantes accordent à la langue le caractère de réalité supérieure. Socrate affirme que les noms primitifs ont été établis par les dieux et que c'est la raison de leur rectitude, de leur justesse à révéler la nature des choses[6]. Par définition, la fonction du *prophète*, c'est de rendre visible par la parole. Nous avons conservé l'expression APPELER LES CHOSES PAR LEUR NOM pour préciser le caractère véridique et réalisant de la parole. Son rôle libérateur, si bien appelé *verbalisation*, est surprenant dans une thérapie lorsque le client dit enfin le refoulé. Les sacramentaires et les prières merveilleuses de guérison reposent sur le principe inverse : ce n'est plus la parole surgissante qui guérit, mais la parole proférée. Pour mieux mémoriser (et faire agir ?) ces textes-poèmes, on utilise la rime ou l'assonance, quitte à créer de jolis mots comme dans cette prière contre les rhumatismes : *nouure* (de nouer), *forçure* et *rompure* pour s'accorder avec *créature*... La longue répétition d'une syllabe ou d'une phrase, par exemple celle d'un mantra ou du *Notre Père*, peut nous guider vers ce qu'on appelle des états de conscience. Le nom de baptême a été sacralisé durant le rituel initiatique et le bébé ne savait pas que, devant lui et dans la plupart des églises anciennes, était écrit LE nom de Dieu dans un triangle.

Nous conservons l'impression que la langue a un pouvoir par elle-même. Un événement à venir c'est AVANT LA LETTRE et quand il est advenu : C'ÉTAIT ÉCRIT. Nous voulons signaler ici son caractère inéluctable car ce qui ne doit pas être, cela reste LETTRE MORTE. Encore aujourd'hui, dans le sanskrit littéraire et l'hébreu biblique, la graphie peut être vue comme un appui de divination. Ces langues sont dites sacrées, ou magiques, car leurs lettres ont une signification et un pouvoir autonomes, extérieurs au message produit par leur agencement dans les mots, puis les phrases. La langue latine était encore vue de cette façon au XVIIe siècle alors que la mode était de construire des chronogrammes avec le système de numérotation fondé sur les lettres I,

---

6. Platon, *Cratyle*, dans *Œuvres complètes*, Paris, Gallimard, « Bibliothèque de la Pléiade », 1950, vol. I, p. 669, 679.

V, X, L, C, D, M. Par exemple, le prénom MICHEL se décomposait en M (1000) + I (1) + C (100) + L (50), d'où la somme de 1151. De là, on pouvait déduire qu'un événement exceptionnel se produirait quand l'individu Michel aurait 11 ans, 15 ans ou 51 ans, ou encore 8 ans qui est la somme des quatre chiffres. On reprenait la tradition de la guématrie hébraïque où toute lettre est associée à un nombre et tout nombre à un symbole. Cette relation étroite entre les nombres et les lettres pour imaginer le futur et l'essence des êtres est réapparue sous le nom de numérologie. Au siècle dernier, le poète Rimbaud fut le grand mage de la langue française, avec ce qu'il appela son «alchimie du verbe». Rappelons-nous son idée d'«inventer un verbe poétique accessible, un jour ou l'autre, à tous les sens» et son explication des «sophismes magiques avec l'hallucination des mots»[7]. Les «A noir, E blanc, I rouge, U vert, O bleu» de son sonnet *Voyelles* reprenaient l'ancienne tradition d'une analogie entre les couleurs et les sons.

NOM DE NOM!
Le pouvoir magique du langage est celui de la parole. D'ailleurs, la *parabole*, qui est l'explication du réel ou de l'univers par un langage métaphorique, nous a donné le mot *parole*. Le discours oral est spécifique à l'ORAtoire et à l'ORAteur : le radical *ora* signifie soit l'oralité, soit la prière. Les prêtres catholiques ont bien compris cet usage particulier des mots. Leur demander de ne pas croire au pouvoir de la prière serait une absurdité. Ces mots qui s'élèvent vers Dieu, assez banals au demeurant, sont chargés d'une forte intention et d'une profonde émotion. Lors de la messe, lors des sacrements, le prêtre et les fidèles profèrent des mots dont le sens est le même pour le profane, mais dont la signification est tellement différente... Quand on pense à la bénédiction, on voit le geste de la personne qui impose les mains ou dessine le signe de la croix, mais le mot lui-même? *Bénir*, c'est «*bene dicere*» ou «dire bien». Dire bien, c'est tout à la fois «dire le bien» que «bien

---

7. Arthur Rimbaud, *Délires. II. Alchimie du Verbe* dans *Œuvres complètes*, Paris, Gallimard, «Bibliothèque de la Pléiade», 1963, p. 232-238.

le dire». La résonance de la parole a autant de pouvoir, sinon plus, que le sens. Les tribunaux ont conservé tout un décorum dans ce lieu de la JURI-DICTION : ici, ce qui est dit libérera ou emprisonnera le prévenu. Ce sera la dernière étape du rituel, cette parole du juge fixée par un coup de maillet.

Face à la *béné-diction*, nous avons évidemment la *malé-diction* qui est «dire le mal» et «dire mal» la parole. *Maudire*, c'est aussi «mal-dire», c'est appeler le mal, appeler le malheur, appeler le Malin. Au Moyen Âge, les prêtres ne se gênaient pas pour APPELER LA MALÉDICTION sur quelqu'un et de l'autre bord, ils interdisaient aux profanes de *blasphémer* – dire quelque chose pour nuire – car il y avait cette peur que les mots provoquent soit la colère de Dieu, soit l'intrusion d'entités MAL-FAISANTES. Et quand ces dernières ne peuvent être vaincues par des prières dans un oratoire, cela devient INEX-ORA-BLE. Dans l'optique religieuse, interdire la *mal-disance*, la MÉ-DISANCE, c'est beaucoup plus qu'une question de morale bon enfant, auquel cas la *diffamation* suffit pour dire du mal de quelqu'un. Pourquoi ne pas associer ici le mot *méchant* – référant en fait à une chute – à celui qui «chante mal», qui «chante le mal», bref le *mé-chant*? C'est celui ou celle qui NOUS CHANTE DES BÊTISES. Pourquoi enfin, *mal-dire* (maudire) ne voudrait pas signifier le mal que j'ai en moi, le mal que je me dis en moi, que je dis contre l'autre, le mal de moi que je projette sur l'autre? Il est tant de façons de prendre les mots et de se regarder à travers eux...

Dans la société civile, on confirme le pouvoir du langage parce qu'il y a DES MOTS QUI NOUS FONT DU BIEN et DES MOTS QUI NOUS FONT MAL. Les MAUVAISES LANGUES disent forcément du mal de quelqu'un. À cette personne on répondra que SES PAROLES SONT BLESSANTES, ses PROPOS MORDANTS, à un enfant que «Ça ne t'écorcherait pas la bouche si tu disais merci!». Il y a des GROS MOTS dans l'insulte et la haine, DES PAROLES GROSSIÈRES OU VULGAIRES. Il y a des PETITS MOTS, l'amour, la tendresse, et des GRANDS MOTS comme les termes techniques. Dans cette forte envie de fixer tel désir, nous avons la possibilité d'une promesse solennelle qui sont des mots prononcés lentement et avec fermeté. Mais les termes *serment* et *sacrement* ont tous deux la même origine «*sacer*», le sacré. Pourquoi le serment est-il un acte sacré, sinon parce que l'on prend Dieu, ou les dieux, pour témoigner de la parole et châtier sa transgression. On dit encore Jurer ses grands dieux. Les « non-croyants » conservent cette idée de la puissance du Verbe puisque plusieurs reculeront devant le mariage à cause du fameux serment de fidélité et d'amour dans le couple. Par ailleurs, combien de fois entendons-nous tel constructeur, tel écrivain, tel politicien, etc., nous dire qu'il a accompli son œuvre pour qu'on se souvienne de son NOM. Comme si la mort était vaincue par un nom, par un mot identifiant la personne depuis sa naissance. Pour beaucoup d'entre nous, l'enfant, c'est celui qui va « continuer mon nom quand je ne serai plus là ». Bien que *sacrer* commence à prendre le sens de « jurer » au XVIIIe, combien restent indifférents devant les jurons et blasphèmes pris dans leur sens propre ? Sommes-nous à l'aise, tout incroyants que nous nous pensons, devant quelqu'un qui jure « Sacré Nom de Dieu » avec un ton agressif ? Ne préférons-nous pas la forme « Scrogneugneu » ou encore « Sacré nom d'une pipe » ?

NOM, C'EST NOM

Parfois, les enfants refusent de dire leur prénom ou leur nom à un étranger, sauf à celui en qui ils font spontanément confiance. Comme s'ils savaient quelque part que donner son nom, c'est donner une partie de soi-même. Encore aujourd'hui, dans certaines collectivités d'Asie et d'Afrique, on ajoute un nom secret au patronyme usuel : le porteur ne pourra le révéler à personne, à moins de donner une emprise sur lui. Par ailleurs, usurper une identité est grave car c'est prendre le nom de l'autre, ce qui le définit en premier lieu. Et nommer l'autre, dire son nom, le dire plusieurs fois, c'est lui assurer sa re-nommée. Celui qui n'a pas de nom, donc pas d'existence dans la cité, c'est l'*anonyme*. Pire encore, c'est l'*ignominie* ou la perte de son nom, d'où le déshonneur. L'abominable, c'est l'*innommable*, ce qu'il ne faut surtout pas nommer pour lui donner une quelconque existence. Se faire un nom, c'est en quelque sorte exister dans le livre de certaines communautés. Enfin, lorsque nous n'avons plus envie de respecter quelqu'un, nous ne lui accorderons plus le privilège d'avoir un nom, un seul, puisque nous allons le traiter de tous les noms.

La pensée magique n'est pas réservée aux enfants. Lorsqu'ils pratiquent leurs tours de «magie», l'*abracadabra*[8] est de rigueur pour provoquer la métamorphose. Le pouvoir transcendant des mots, c'est aussi l'amoureux qui grave le prénom de sa belle sur l'écorce d'un arbre en supposant ainsi que leur amour sera éternel. C'est ce prénom tatoué sur la peau, en principe ineffaçable, qui est la preuve d'un véritable amour que ne sauraient corrompre les aléas de la vie. À l'inverse, les dommages causés dans les campagnes par ce petit animal nous l'ont fait appeler *belette* (petite belle) : lui donner un nom séduisant devait en principe diminuer son instinct carnassier. Le «bel âge» a été récupéré par les aînés... *Causer* signifie à la fois parler et provoquer quelque chose. Du Verbe originel, nous conservons les PRO-VERBES qui sont en principe paroles de sagesse, c'est-à-dire de vérité.

*
* *

Ce rapide voyage au pays du langage nous a permis d'en dégager les principales caractéristiques et nous les retrouverons avec plus ou moins d'évidence un peu partout dans cet essai. Parler ou écrire, c'est créer, exprimer, communiquer, informer. Tout cela est connu. Néanmoins, le mécanisme d'une langue reste insaisissable puisque ses lois sont truffées d'exceptions.

Injurier quelqu'un demeure une forme de communication. Ne jamais parler à un bébé risque de le faire mourir. Les fonctions du langage sont nombreuses et il ne semble pas, dans le réel, que celle de l'information soit prédominante. Dans ce dernier cas, nous avons soin de prévenir l'interlocuteur avec une formule du genre «Écoute-moi, j'ai à te parler», ou bien nous l'obligerons à nous parler clairement afin d'APPELER UN CHAT UN CHAT. Nous attirons l'attention sur l'importance du message. C'est heureux qu'une langue soit plus qu'une suite de mots en vue d'un sens, d'un seul

---

8. *Abracadabra* proviendrait de l'hébreu et signifierait : «Envoie Ta [Seigneur] foudre jusqu'à la mort».

sens. Et pourtant, c'est ce que plusieurs voudraient : une langue simple, facile, ne permettant aucune confusion. C'est possible... pour une langue morte ou une langue artificielle comme l'espéranto, ou un jargon technique ou scientifique. À la limite, c'est la « novlangue » d'un gouvernement totalitaire décrit par Orwell dans son roman *1984*. Une langue vivante permet l'interprétation, la projection individuelle par la place du mot dans un ensemble, par sa sonorité, sa graphie, son symbole et son contexte. Plus encore, parler du langage au moyen du langage est un paradoxe auquel on ne peut échapper.

II

Ô SERMENTS! Ô PARFUMS!
Ô BAISERS INFINIS!

(Baudelaire)

Chapitre II

Des idées dans l'air

Mots et idées sont intrinsèquement liés. Un biologiste expliquera la présence des idées par des influx nerveux transmis dans le cerveau grâce aux médiateurs chimiques des neurones. Il aura expliqué un processus, non une origine, un contenant non un contenu. Un autre nous dira que l'apport d'oxygène dans le cerveau est préalable à la pensée. Ceci peut facilement être prouvé : si nous arrêtons de respirer un moment, notre tête est presque libre de toute pensée. À partir de cette constatation, les sages orientaux contrôlaient la respiration pour se libérer de la tyrannie du mental. Et dans notre tradition, qu'en est-il ?

En voilà une idée !

Les Anciens reliaient eux aussi l'activité mentale et la respiration. La racine latine *spir*, qui signifie *souffle*, réfère au domaine SPIR-ITUEL. C'est le monde du *spiritus*, ou soufflpoooooooooooooe vital, qui s'imprègne en nous et que nous retrouvons dans l'expression : ÊTRE INSPIRÉ. Notons que nous n'inspirons pas, mais que NOUS SOMMES inspirés. Notre état est passif, récepteur. Alors qu'inspirons-nous particulièrement, sinon des idées ? Nous dirons alors que IL ME VIENT UNE IDÉE, ou bien UNE IDÉE M'A EFFLEURÉ L'ESPRIT, ou encore UNE IDÉE M'A TRAVERSÉ L'ESPRIT. Notre langage paraît nous dire qu'il existe un monde des idées, un monde spécial en dehors de notre monde sensible, où naviguent des idées et, peut-être, des idées plus élémentaires sous forme d'archétypes. C'est le monde socratique et platonicien des Idées-en-soi. Si notre langue a conservé cette notion de l'Idée-essence, c'est parce que nous continuons d'y percevoir une part de vérité. De récepteurs, nous pouvons nous transformer en émetteurs en faisant usage de notre souffle afin d'INSPIRER LA SYMPATHIE ou le dégoût à quelqu'un. Nous communiquons à l'autre quelque chose, nous allons lui *insuffler* quelque chose : par exemple nous lui insufflerons du courage. Ou bien, nous allons ENVOYER DE BONNES PENSÉES à la personne qui est malade.

Cette réalité de l'idée se manifeste en nous de plusieurs façons. TROUVER UNE IDÉE, ce peut être AVOIR UNE IDÉE DERRIÈRE LA TÊTE. Difficile à déceler en nous-mêmes, elle est pourtant présente et parfois obsédante. La coïncidence est frappante entre le langage et la physiologie car on a pu montrer que lorsque nous visualisons un objet très petit, c'est justement l'arrière du cerveau qui est activé et plus l'objet est grand, plus l'activation se déplace vers l'avant et vers l'intérieur. Donc, ce qui SE PRÉSENTE À MON ESPRIT, ce sont des idées, des images, des situations parfois qui n'ont pas encore eu lieu ou n'auront pas lieu, bref tout un monde qui ne semble pas provenir de nous. CONCEVOIR UNE IDÉE, c'est la former à partir de quelque chose qui est déjà quelque part. C'est ce que nous désignons avec QUELQUE CHOSE ME DIT QUE...

AVOIR UNE IDÉE EN TÊTE concerne la partie la plus haute du corps et la relation n'est évidemment pas arbitraire. Les idées sont liées à la tête, les émotions un peu plus bas : au cœur, et les pulsions encore plus bas : au sexe. Quand je fais des idioties ou que je pense des idioties, JE PERDS LA TÊTE. Conscient de mon erreur, je m'écrie : OÙ AVAIS-JE LA TÊTE ? Associant le contenu et le contenant, on traite encore quelqu'un D'ESPÈCE DE CRUCHE alors que le mot *testa* en latin, qui a donné *tête*, désignait jadis un vase de terre, puis le crâne par analogie de forme. On a conservé ce sens en chimie avec le *têt* qui est une sorte de *creuset*. On a donc par association phonétique SE CREUSER LES MÉNINGES ou SE CREUSER LA CERVELLE, ou encore SE CREUSER LA TÊTE pour réfléchir. S'il s'agit d'une sottise, c'est qu'on a LA TÊTE UN PEU FÊLÉE. Si LA TÊTE ME FEND, c'est que j'ai mal, ce qui dure moins longtemps que de SE CASSER LA TÊTE sur un problème, ainsi que le creuset avec un feu mal contrôlé. On peut aussi me CASSER LES OREILLES comme les deux anses de la cruche ! On parle encore des oreilles d'une cocotte ou d'une marmite, et l'on peut ÊTRE SOURD COMME UN POT. Restons dans le domaine chimique : on dit RAMÈNE TA FIOLE ou SE PAYER SA FIOLE à quelqu'un D'AGITÉ DU BOCAL. À l'école, on nous demandera de CREUSER NOS IDÉES pour éviter les banalités. Seront-elles profondes à ce point-là ? Approfondir ses idées suppose un mouvement descendant, vers la Terre, tout comme le creuset est fabriqué en terre. C'est SE FORGER DES IDÉES, pour rester dans le contexte métallurgique.

Les idées ambiantes

En dehors des informations de base que nous possédons à la naissance, comme l'aptitude à la survie et à la reproduction, d'autres informations nous conduisent à imaginer un monde idéal. D'où nous vient cette propension à l'idéalisme, cette idée que le monde peut être amélioré vers le beau et le bien ? Sommes-nous influencés en dehors de notre conscience, et par quoi ou par qui ? Ce mot *influence* a un sens complet et il signifie littéralement « le flux provenant des astres et agissant sur les hommes ». Comme le rayonnement touche tous les humains, y a-t-il une pertinence à opposer comme on le fait parfois les idéalistes et les pragmatistes ? Les uns et les autres ne fondent-ils pas leurs attitudes fondamentales sur l'IDÉ-ALISME ? Quelques idées de base dirigent nos actions : on pensera, par exemple, que *Un tiens vaut mieux que deux tu l'auras*. Il n'est pas sûr que ces idées appartiennent à qui que ce soit ; simplement nous les incarnons.

Nous confondons volontiers *penser* et *réfléchir*. Nous réfléchissons les idées. Nous réfléchissons les idées qui viennent d'ailleurs. Nous réfléchissons comme un miroir. Nous absorbons et renvoyons à la perfection UNE IDÉE LUMINEUSE. La réflexion fréquente la lumière. Nous exerçons notre faculté de *deviner* : nous sommes des DEVINS et nous sommes également des DIVINS puisque ces deux mots ont la même origine. Vraiment ? Interrogeons-nous quelques instants sur les fameuses inventions. Tout d'abord, le mot *créer* prête à confusion : son sens original de « faire croître, faire grandir », s'est transformé aujourd'hui en une activité démiurgique puisque, à l'égal de Dieu et par la grâce d'une intelligence supérieure, moi le Créateur je fais surgir du chaos quelque chose qui ne fut jamais ! Nous est-il possible de DIVINER ? Découvrir n'est pas inventer. Qui « inventa » le premier un poste qui transmettait des ondes radio ? Le Serbo-Américain Nikola Tesla ou l'Indien Jagadis Chandra Bose qui dédia sa découverte à l'humanité en 1895, ou encore Marconi qui prit le brevet un an plus tard ? Qui « découvrit » le calcul intégral et différentiel : Newton ou Leibnitz qui l'élaborèrent en même temps ? Qui « découvrit » l'hélium à la surface du Soleil en 1868 : le Britannique Norman Lockyer ou le Français Jules Janssen ? Le mot *découvrir* signifie DÉ-COUVRIR ou enlever la couverture pour voir ce qui est dessous, ce qui est couvert. Quant au mot *inventer* il signifiait au départ *trouver*. Au Moyen Âge, on ne signait pas les « créations » car cette notion ne pouvait être associée aux humains dans leur monde manifesté. On se ralliait au monde intemporel de *L'Ecclésiaste* où il est écrit que : « S'il est une chose dont on puisse dire : "Voyez, c'est nouveau cela !" – cela existe déjà depuis les siècles qui nous ont précédés » et l'on prend soin d'ajouter que « il n'y a aucun souvenir des temps anciens »[9]. La notion de création personnelle est issue de la Renaissance, mais n'y voyons pas la preuve que nos idées nous soient propres. Notre cerveau en est-il le créateur ou le réceptacle ? Est-il le germe ou le terrain ? Ce qui est plus sûr, c'est que nos idées naissent sous le signe de l'agitation. Du reste, on dit la *cogitation* pour la pensée, la CO-AGITATION, l'agitation intérieure. Penser s'oppose au calme, à la sérénité ! À moins que l'on veuille PENSER À TÊTE REPOSÉE…

Le savant est traditionnellement décrit comme un être PERDU DANS SES PENSÉES avec, bien sûr, la tête en l'air. Il aura des intuitions quand il recevra des IDÉES EN L'AIR, celles qui sont apportées par le vent, celles qui sont IN-VENTÉES[10]. De nouvelles idées, ce seront DES IDÉES DANS LE VENT. C'est le même ailleurs qui est sous-entendu lorsque nous réagissons avec : JE ME DEMANDE OÙ IL A PRIS TOUT ÇA, au sujet de l'enfant émettant une idée

---

9. Qohéleth (ou L'Ecclésiaste) 1,10-11.
10. C'est Mozart qui écrit à propos de sa musique :
 « Les pensées me viennent en foule et le plus aisément du monde. D'où et comment m'arrivent-elles ? Je n'en sais rien, je n'y suis pour rien. » Il sera appuyé plus tard par le mathématicien Henri Poincaré : « Les idées surgissaient en foule ; je les sentais comme se heurter, jusqu'à ce que deux d'entre elles s'accrochassent, pour ainsi dire, pour former une combinaison stable. » Ces exemples sont cités dans Pierre Laszlo, *La découverte scientifique*, Paris, Presses universitaires de France, « Que Sais-je » no 3473, 1999, p. 84.

particulièrement intéressante. Parfois, nous parlerons d'un génie à propos de la personne qui aura fait une très grande découverte. Or le *génie* était vu dans l'Antiquité comme une divinité présidant à la naissance de quelqu'un. Peut-on déduire qu'effectivement, c'est le «génie» qui préside à la naissance d'une idée fondamentale dans le cerveau de quelqu'un? La gloire de ce dernier est de s'être très bien préparé à la recevoir... Selon la mentalité populaire, génie et folie se ressemblent: les deux réfèrent à l'air puisque le mot *fou* vient du latin *follis* désignant un ballon gonflé d'air. L'attitude de plusieurs savants de s'ENFLER LA TÊTE est réellement complètement folle!

Quelles que soient nos fantaisies sur le réel, les idées appartiennent à tous, elles ne sont aucunement le fait d'un individu. Même nos sociétés capitalistes fondées sur la propriété privée le reconnaissent. Le droit de reproduction ne repose pas sur l'idée, mais sur sa matérialisation (livresque ou autre), sur sa pratique ou son expérimentation publique. Réciproquement, on peut dire aussi que les idées de tous sont les idées de quelques-uns. Grâce à leur mainmise sur les moyens de communication, les idées propres au groupe dominant seront répétées, martelées, jusqu'à devenir DES IDÉES COURANTES. Systématisées, elles deviennent UN COURANT DE PENSÉE. Mais l'histoire nous apprend que les civilisations sont mortelles et les systèmes de pensée destinés à être contredits justement par la pensée. En premier lieu, il nous revient à PENSER et PANSER nos blessures à la suite DES IDÉES FIXES. Notre comportement critique deviendra le baromètre de notre santé mentale. Souvenons-nous que les BIEN-PENSANTS ont arrêté de penser puisqu'ils ont la réponse avant même que nous parlions. Lorsque nous posons une question, que nous la DÉ-POSONS devant l'autre, que nous avons fait une pause avant de la formuler, l'autre peut répondre à la QUESTION PAUSÉE par une idée pondérée, c'est-à-dire pesée, en dehors des IDÉES TOUTES FAITES, faites et fabriquées pour d'autres intérêts. Ces dernières sont des OPINIONS qui nous font opiner, qui nous font OPINER DU BONNET. Parfois du bonnet d'âne?

*
* *

D'après plusieurs expressions de notre langage, expressions que nous employons couramment, sans problème, il semble exister un monde supracéleste où naviguent les idées. Les ésotéristes l'appellent la mémoire akashique ou les archives de la Nature, Jung l'inconscient collectif. Les uns et les autres nous diront que les Anciens avaient raison et que le microcosme ressemble au macrocosme, par conséquent que les archétypes, les symboles et les formes se retrouvent en chacun de nous, dans une sorte d'empreinte cellulaire manifestée par notre «idéalisme». On comprend mieux le vieil anathème lancé par des prêtres de toutes sortes, contre tous ces gens qui prétendaient et prétendent encore avoir accès à un monde bizarre et dangereux pour tout pouvoir: l'univers d'un nouveau langage grâce au SOUFFLE POÉTIQUE, le même que celui des idées neuves, là où LES IDÉES PRENNENT FORME.

Chapitre III

Le principe élément terre

Les anciennes relations entre l'air et les idées, entre l'eau et les émotions, entre la terre et le corps et entre le feu et l'âme ou l'esprit, sont conservées dans beaucoup de nos expressions. La théorie des éléments est revenue à la surface avec le succès du film de Luc Besson *Le Cinquième élément*. Quelques points cependant doivent être précisés si nous voulons apprécier l'influence de cette ancienne cosmogonie sur notre langage. Premièrement, ce que nous appelons éléments : le feu, l'air, l'eau et la terre, sont seulement similaires aux Éléments comme tels. Pour Empédocle, le sage ancien qui énonça cette théorie, les Éléments sont les racines du monde. Au nombre de quatre et en diverses proportions, ils suffisent à produire toute chose. Aristote reprit ce système en ajoutant un cinquième élément : la quintessence. Nous retrouvons cette idée de l'essence, du principe originel, lorsque nous employons l'adjectif *élémentaire* pour signifier ce qui est fondamental dans un phénomène, ce qui est son fondement, comme les *particules élémentaires* en physique.

La séparation des eaux : l'eau et l'air

L'élément eau est traditionnellement opposé à l'élément feu. Au mot IGNE, ou feu, correspond son anagramme et contrepartie : NEIG-e. Le tempérament bouillant peut laisser de glace. À un couple mal assorti, le langage populaire dira qu'ILS SONT COMME LE FEU ET L'EAU TOUS LES DEUX. Les Anciens nous conseilleraient de calmer le feu du tempérament colérique par l'eau du tempérament flegmatique. Au FEU DE L'AMOUR répondra souvent l'eau des larmes. Si le feu est purificateur, l'eau enlève toute souillure. Nous allons PASSER L'ÉPONGE sur une simple offense ; en revanche nous nous efforcerons de LAVER UNE INJURE. L'eau c'est la vie et le feu c'est l'amour : la sagesse populaire nous dit qu'on peut VIVRE D'AMOUR ET D'EAU FRAÎCHE.

Lorsqu'il est dit, au tout début de la Genèse (1,6-7), que Dieu a séparé les eaux, nous comprenons naturellement les eaux d'en haut comme étant l'air, et celles d'en bas les eaux proprement dites. Pendant longtemps, l'air fut considéré comme un fluide. L'alchimiste Van Helmont créa le mot *gaz* pour décrire une vapeur invisible. Ces eaux subtiles, aériennes, sont des *effluves* lorsqu'elles imitent le mouvement des fleuves, ou bien elles adoptent le mouvement de la mer, avec leur *onde* qui sera lumineuse ou sonore. Avec plus de violence, nous avons le COURANT D'AIR. Pour les humains, quoi de mieux qu'une TENUE VAPOREUSE pour S'ENVOYER EN L'AIR ! Plaisanterie facile bien sûr, mais qui a le mérite de montrer que l'amour est parfois relié à l'air. Une grande joie, et ce couple sera au troisième ciel auquel on ajoutera encore quelques cieux au XIXe siècle pour en totaliser sept. Rendu au SEPTIÈME CIEL, le couple n'a d'autre choix que de REVENIR SUR TERRE, plus ou moins durement lorsqu'IL BAT DE L'AILE. Leur projet est TOMBÉ À L'EAU.

Terre à terre

Le rêveur, avec LES YEUX DANS LA BRUME ou bien LA TÊTE DANS LES NUAGES, devient vite suspect à celui qui veut RESTER SUR TERRE. Un amour bien concret, bien terrestre est souvent opposé à l'amour romantique, SURNATUREL en quelque sorte. Pourtant, le premier n'a rien de négatif lorsque nous voyons la terre comme quelque chose de solide et de durable. À l'air était opposée la terre. À l'idéalisme aérien répond le matérialisme bien concret. La terre est associée au réel, à ce qui est vérifiable par les sens. Elle est contenu et contenant : la planète Terre est formée de terre ! Par conséquent, dans ce monde se tient quelqu'un formé du sol, c'est-à-dire l'Homme. En effet, le mot *homme* vient de l'indo-européen *ghyom* signifiant *terre*. Dans la Bible toujours, on nous dit bien que Dieu « modela l'homme avec de la poussière prise du sol » (Genèse 2,7). Le nom de l'Homme : *Adâm* en hébreu vient de « *adâmâ* » (sol, terre). Dans une des oraisons adressées aux agonisants, le prêtre dira : « Celui [Dieu] qui vous avait formé du limon de la terre. » et peut-être précisera-t-il à l'occasion du deuil : « Tu es poussière et à la poussière tu retourneras » (Genèse 3,19). Bref, la religion chrétienne rattache elle aussi l'Homme, l'humain à la terre; de par la chute dans le monde manifesté, il est devenu un *terrien*. De fait, à la personne un peu perdue dans ses pensées et ses projets nous dirons de se rapprocher de la terre afin de *se ressourcer* et de RETROUVER SES RACINES. *Homme* et *humus* ont la même origine latine, ainsi que *homme* et… *humilité* qui serait donc notre véritable nature. TER(R)E et ETRE (humain) ne sont que déplacement de lettres si nous évitons le *r* redoublé de *terre*. Enfin, la terre est d'autant plus notre matière par excellence que ces deux mots s'appellent phonétiquement: MATiERE et MA TERRE. La matière, c'est la substance avec laquelle nous sommes formés, c'est la première matière, c'est la *mater*, c'est notre mère. AU SEIN DE LA TERRE, il y a ses enfants: les humains.

Tout feu tout flamme

Les quatre éléments sont rattachés aux quatre états de la matière: tandis que la terre est solide, l'eau est liquide, l'air est gazeux, le feu est radiant. Il est à la fois ce qui réchauffe et ce qui brûle, et cette dualité se répète dans le langage courant. Il est relié à la vie puisque l'humain conserve son ÉTINCELLE DE VIE jusqu'à la mort, jusqu'à ce qu'il se soit *éteint*. Associé à la pureté, il est LE FEU PURIFICATEUR : cette expression est quasi un pléonasme si nous considérons le mot *pur* dans son sens grec de *feu* au lieu du sens latin. Dans beaucoup de rites, une flamme brûle dans un récipient sur l'autel et il faut absolument ENTRETENIR LE FEU SACRÉ, signe de l'Esprit divin. Encore maintenant, AVOIR FOI dans une quelconque entreprise sans en voir les résultats, c'est AVOIR LE FEU SACRÉ. Le BAPTÊME DU FEU réfère à la première expérience de la guerre sur le terrain alors que s'abat un DÉLUGE DE FEU ET DE FLAMMES. L'initiation par le feu peut être appelée l'IGNI-TIATION, le *ignis* latin signifiant le feu. Bien loin de la signification de l'enfer, le feu et les flammes sont le signe de l'embrasement divin pour les mystiques, la récompense de leur FOI ARDENTE. Pour les ésotéristes, le divin Nom se manifestera parfois en LETTRES DE FEU.

Nous associons toujours le feu à l'amour et à la passion. BRÛLER POUR QUELQU'UN, S'ENFLAMMER POUR UNE PERSONNE, imaginer l'ACCUEIL

CHALEUREUX en DÉCLARANT SA FLAMME, ce sont toutes des expressions s'appuyant sur la flamme et la chaleur, les deux caractéristiques du feu. Brûlure et ardeur deviennent synonymes : avec LE FEU DE LA PASSION, dans cet EMBRASEMENT DES SENS, avant de SE CONSUMER D'AMOUR, l'ARDEUR AMOUREUSE peut avoir certaines conséquences ! Cette *fougue* – le mot serait dérivé de *focus* ou *feu* –, cette ardeur amoureuse dans LE FEU DE L'ACTION, peut mener à construire un lieu de feu : à FONDER UN FOYER. Mais la NON-CHALANCE de l'un, sa non chaleur, peut facilement freiner le bouillonnement de l'autre ou *ferveur*. Quand LE TORCHON BRÛLE entre les deux, adieu le temps où l'on devait MODÉRER SES ARDEURS. Ce mot *ardeur* ne nous trompe pas et sa connotation sexuelle est claire lorsqu'il est employé dans le contexte affectif : le DÉSIR ARDENT est presque un pléonasme. De même, la chaleur et la douceur du BAISER rappellent immédiatement la BRAISE, son anagramme. *S'embrasser* peut conduire à *s'embraser*...

Le fameux COUP DE FOUDRE nous renvoie au maître des dieux grecs, Zeus, ou son pendant latin Jupiter, tous deux animés d'une formidable libido les conduisant souvent vers les Terriennes. L'éclair ou le foudre du dieu, c'est aussi la flèche et l'arc du dieu Éros. L'événement amoureux vient de l'extérieur et nous prend à l'improviste. Par la flèche ou l'éclair, il intervient soudain, comme la foudre : il est donc *fulgurant*. Mais le feu est aussi destructeur et pour dire notre profond désaccord envers cette personne, nous allons « jupitérer » et lui envoyer la foudre puisque nous sommes en train de *fulminer* contre elle, avec DES ÉCLAIRS DANS LES YEUX !

Le nombre 4

Pour les Anciens, les éléments étaient le fondement du monde : en eux-mêmes et parce qu'ils étaient quatre. La portée symbolique de ce nombre était fondamentale. Notre table de Mendeleïev, avec ses 109 éléments actuels, est singulièrement généreuse par rapport à la leur. En plus, aux états connus de la matière, nous ajouterions les états plasmagène et colloïdal. Cependant, ce serait absurde de penser que les Égyptiens et les Grecs ignoraient la matière molle et les colles, et que leurs savants méconnaissaient les hautes énergies de l'éclair et du soleil. Ils n'affirmaient pas non plus que la Terre était carrée, ou plate, comme on voulut nous le faire croire pour noter leur grande ignorance superstitieuse, c'est-à-dire notre extraordinaire savoir objectif de contemporains ! Mais c'était le nombre *quatre* qui était important, essentiel en quelque sorte : il y a quatre éléments, quatre qualités, quatre humeurs et tempéraments et quatre directions. Alors que le Ciel était ternaire, d'où la trinité et son triangle, la Terre était quaternaire, d'où la croix, celle des éléments.

Les quatre directions, par rapport à la Terre, sont l'est et l'ouest, le nord et le sud. Traditionnellement opposés, ils sont appelés les quatre points cardinaux (les charnières en fait). Nous imaginons ces QUART-DINAUX divisant la terre avec les quatre angles du carré. L'*est*, c'est la direction où se lève le Soleil, celle du soleil levant. C'est la lumière qui efface la nuit et qui émerge à l'OR-RIANT. D'après la Genèse (2,8), Dieu installa l'Homme en Éden, à l'orient. Par conséquent, s'orienter c'est se tourner vers l'est, vers le Soleil et le jour qui commence. À l'inverse, se perdre c'est PERDRE LA BOUSSOLE, c'est perdre la direction de l'aiguille aimantée, c'est PERDRE LE NORD, c'est TOURNER EN ROND. Fondamentalement, c'est être DÉS-ORIENTÉ : avoir perdu la direction de l'orient. À l'opposé de l'or lumineux ou de l'éclat d'une perle avec son *orient* parce que son reflet est censé évoquer la lumière du soleil levant, à l'opposé donc, nous avons l'*occident*, le lieu du soleil tombant. Cette symbolique a de quoi freiner notre ardeur à nous définir comme LES Occidentaux. D'ailleurs, est-ce à cause de notre extraordinaire pouvoir économique et militaire que nous sommes situés à l'OCCIS-DENT ? Grâce à notre agressivité envers tous les peuples qui ne pensent pas comme nous ? L'est est CÉL-ESTE, l'ouest est terrestre, bien matériel, bien matérialiste... Le mot *Europe*, d'origine phénicienne, signifie également le coucher du soleil tandis que l'*Asie*, appelée Extrême-Orient, évoque son lever. Le Japon est littéralement le pays du « soleil levant ».

Les quatre éléments de la croix chrétienne sont les quatre directions d'un plan, d'une surface : c'est la totalité d'un monde observable. Obéir à quelqu'un, c'est FAIRE SES QUATRE VOLONTÉS, et lui résister, c'est lui DIRE SES QUATRE VÉRITÉS. D'autre part, les Éléments qui composent le monde sont associés à quatre qualités : le chaud et le froid, le sec et l'humide. Nous retrouvons celles-ci lorsque nous parlons du SANG-FROID de quelqu'un, ou encore lorsqu'on dira qu'il a le SANG CHAUD à d'autres occasions... Toutefois, RÉPONDRE SÈCHEMENT à son interlocuteur peut ne lui FAIRE NI CHAUD NI FROID et n'ira pas jusqu'à lui GLACER LE SANG. À la froideur d'une attitude, on peut certes répondre par la chaleur du sourire. Le langage métaphorique perpétue une philosophie ancestrale.

*
* *

La théorie ancienne des éléments est un autre exemple de la fantastique mémoire du langage. Malgré sa mise de côté par Lavoisier et les chimistes modernes, qui eurent beau jeu de la défaire en la réduisant aux éléments du monde sensible[1], elle satisfait notre esprit parce qu'elle explique le monde et ses composants d'une manière simple et imagée : d'un côté la matière sous différentes formes ou états, de l'autre l'humain et sa substance sur différents plans. Les éléments n'étaient pas que matière : il y avait aussi les esprits de la terre, de l'eau, de l'air et du feu et il y avait les *élémentaux* dont parlent encore les groupes de magie. Et le cinquième élément ou *quinte essence* ? C'est l'être humain au centre du carré. Ou bien c'est l'amour, ou la vie, qui ont seuls le pouvoir d'animer la matière.

---

1. Au début du XVIIe siècle, le médecin Pierre Jean Fabre dénonçait le malentendu en ces termes : « ie trouue qu'il y a fort peu de perfonnes, mefmes entre les plus doctes, qui connoiffent exactement la nature & l'effense des elements ; car ce que nous voyons, & ce que le vulgaire appelle elements, ne font point elements, ains corps mixtes & elementez, & fruicts de ce qu'on doit appeller element. » (dans *L'Abrege des secrets chymiques*, Paris, Pierre Billaine, 1636, p. 42).

Chapitre IV

Un naître humain

Les Anciens voyaient l'univers comme la somme de mondes emboîtés, des plus grossiers aux plus subtils. Les Idées naviguaient dans le monde éthéré et les Éléments, par leurs proportions variées, différenciaient les êtres et les choses. Tous ces mondes étaient vivants et l'être humain n'était qu'une forme parmi tant d'autres, éternelle par la reproduction et transitoire dans l'évolution générale.

La vie recommence

Pour naître, il m'a fallu VENIR AU MONDE. Si je viens au monde, il fallait donc que je sois auparavant quelque part, il fallait donc que je sois déjà. C'est la même idée qui est contenue dans *créer* ou PRO-CRÉER qui est faire croître et même dans RE-PRODUIRE ou faire sortir. C'est peut-être la confusion sonore entre ÊTRE et nAÎTRE qui nous fait présumer que « non naître » (le sens d'*avorter*) c'est « non être », par conséquent que le fœtus n'est pas un être humain. Or, ce qui est privé de la naissance ne signifie pas ce qui est privé de vie. Avec le petit qui vient de naître, nous avons un NOUVEAU NÉ, quelqu'un qui est né de nouveau, le Re-né. A-t-il déjà vécu auparavant ? Souvenons-nous qu'une partie de l'Église romaine professait la transmigration des âmes avant que le concile de Constantinople ne condamne vigoureusement, en 553, cette notion fondamentale développée par Origène trois siècles auparavant. Plusieurs sondages confirment que quarante pour cent des Occidentaux croient toujours en la réincarnation. C'est pourquoi nous conservons des expressions qui la rappellent. Ainsi, nous allons METTRE AU MONDE, placer dans ce monde-ci un être que nous définirons comme humain. Intéressante cette dernière précision : un ÊTRE HUMAIN, un être que nous qualifions d'humain. Est-ce à dire que dans tout humain il y a l'être et que cela seul le définit intrinsèquement ? Et qu'en est-il de l'être des non humains ?

On dira de cet enfant qu'il a été *conçu* le... Par le langage, on distingue très bien la conception de la naissance. Concevoir, c'est penser à ce qui sera. Nous concevons d'après un plan, une idée PRÉ-CONÇUE. Les autres paramètres, nous ne les possédons pas, entre autres si l'enfant va NAÎTRE SOUS UNE BONNE ÉTOILE. L'étoile de Bethléem pour les catholiques ? Quant aux profanes, ils naissent sous une constellation du *zodiaque* puisque la racine grecque de ce mot signifie *vivre*. Mais tous, nous conservons dans le langage cette relation entre le lieu de notre naissance et la configuration du monde céleste à ce moment-là. Quelque part dans cette voûte étoilée, il y avait l'étoile ou la planète de la pré-naissance, ce paradis perdu avec la chute dans ce nouveau monde. Le petit être deviendra fondamentalement un être désirant, un être qui a cessé de contempler l'astre : c'est le sens littéral du mot *désirer*. Dans cet être en vie, ses EN-VIES se manifesteront sous forme de désirs. Notre vie durant, nous sentirons un manque fondamental que nous tenterons de combler de diverses façons.

Vive la vie !

Vivre, c'est continuer à vivre, ce qui suppose bien évidemment continuer de respirer. L'association est constante dans le lointain langage jusqu'à celui d'aujourd'hui. Par exemple, la psychologie, c'est à la fois la parole (logos) de la psyché et la science (logos) du souffle vital puisque *psyché* vient du grec *psukhê* signifiant respiration. Le mot *âme* vient du latin *anima* ou souffle de vie. *Réanimer* quelqu'un, en lui insufflant de l'air par le bouche-à-bouche, c'est le faire REVENIR À LA VIE. Dans la Bible, on parle de langage créateur, mais aussi du souffle créateur : « Tu [Seigneur] envoies ton souffle, ils sont créés » (*Psaume* 104,30). Le mot même *respirer* signifie « renvoyer en soufflant », donc renvoyer ce qu'on a reçu, pas seulement du gaz carbonique. Qu'avons-nous reçu ? D'après la Bible toujours, c'est le souffle vital : « Il [Dieu] insuffla dans ses narines l'haleine de vie, et l'homme devint un être vivant. » (Genèse 2,7) D'aucuns estiment que l'être humain « naît » lors de sa première respiration hors du ventre maternel. Parce qu'il participe maintenant et de lui-même à la vie, il est réellement un être qualifié de vivant. Comme chacun de nous, il reçoit et renvoie l'air vital, l'air chargé de vie. Sans même s'en préoccuper, il va VIVRE DE L'AIR DU TEMPS. Nous rejoignons ici les anciens alchimistes qui considéraient que tout, aussi bien les minéraux que les plantes ou les animaux, baignait dans l'esprit vital et qu'il s'agissait en quelque sorte de le saisir et le coaguler pour ré-animer la matière. Le grand médecin alchimiste du XVIe, Paracelse, l'appelait *azoth*, mais bien avant les moines zen l'appelaient le *ki*, les bouddhistes indiens le *prana* et les Grecs le *pneuma*. Plusieurs affirment que ce souffle de vie est accessible à nos sens dans certaines conditions et qu'il s'accompagne d'une odeur spécifique, l'odeur de la vie. Se rapprocherait-elle de cette odeur particulière et agréable des draps étendus sur la corde à linge, quelle que soit la lessive utilisée et même dans l'air pollué de la ville ? Nos compagnes l'appellent parfois le « parfum du grand air ».

Nous respirons et nous vivons. Nous respirons de telle façon et nous vivons de telle façon : c'est du moins le principe des enseignements traditionnels.

La qualité de notre respiration est fondamentalement liée à notre position physique : une position droite de la tête et de la colonne vertébrale. Et cette verticale s'exprime pour nous dans le signe du « oui »[2]. OUI, c'est baisser la tête en enlevant l'air, puis la relever en inspirant. OUI, c'est enlever le gaz carbonique, c'est se détendre. NON, c'est une contraction musculaire, une émotion « négative ». Avec sa consonne d'appui, le refus verbal est contractant, stressant. Un OUI réel, sans aucune arrière-pensée, s'accompagne d'une détente. Nous relâchons nos tensions, nos tensions intérieures en faisant taire nos IN-TENTIONS. Nous sommes dans l'A-TTENTION, dans cette présence vers l'autre ou à soi-même. DÉ-TENDUS, peut-être surgira-t-il une forme de TENDRE-ESSE... L'envers est la tristesse, la déception : c'est SOUS-PIRER, c'est baisser la tête sans vouloir la relever.

---

2. Rares sont les peuples qui l'expriment différemment. Chez les Grecs, par exemple, le OUI [ναι (nè)] s'exprime par une légère inclinaison de la tête sur le côté et le NON [όχι (ochi)] en rejetant la tête en arrière.

Aspirer, c'est se tenir droit, relever la tête, s'emplir du souffle vital et tout à fait naturellement, alors NOUS ASPIRONS AU BIEN.

Notre habitude cependant est de comprendre la vie par une confusion sonore entre *vie* et *vif,* entre *vie* et *vite*. La *vitalité* est associée à la *vitesse*, littéralement avec une voiture ou lorsque NOUS ALLONS VITE EN BESOGNE. La VIVACITÉ D'ESPRIT ajoute de l'intérêt à une conversation qui, autrement, est PLATE À EN MOURIR. « Je vivote » dira la personne pour résumer le manque de stimulations et d'intérêt dans sa relation avec le monde extérieur. ARRÊTER QUELQU'UN, c'est arrêter son mouvement, c'est le conduire dans un espace immobile, figé : la prison. Nous choisissons des plantes *vivaces* parce qu'elles durent plus longtemps, souvent parce qu'elles ont des COULEURS VIVES. Et cet ordinateur avec lequel je passe une bonne partie de ma vie, pour oublier que c'est une machine je le personnifierai en lui attribuant une mémoire, notamment de la MÉMOIRE VIVE : de cette façon il ira plus vite ! Néanmoins, gare à l'usure due au stress et gare aux VIE-RUS qui ont tendance à raccourcir la vie : celle de la machine et de son usager…

Le vif argent

L'instinct de vivre réside en chacun de nous et pourtant sa qualité et son contenu satisfont peu de gens… Tous nous voulons bien vivre et vivre bien : la différence réside surtout dans la définition de *bien*. Pour certains, ÊTRE BIEN est un pléonasme puisque le contact avec l'être ne saurait s'accompagner d'actions nuisibles ou d'une sensation de manque. Pour d'autres, ÊTRE BIEN c'est AVOIR DES BIENS. En plus, le singulier et le pluriel accentuent la différence car il ne s'agit pas d'acquérir LE bien ou UN bien, mais DES biens. Et ces derniers ne peuvent être que des biens matériels. La QUALITÉ DE VIE sera identifiée à la quantité de biens. On a reconnu là notre société de consommation qui procure moult avantages à nos dirigeants économiques. Pour être heureux, il nous faut donc BIEN DES BIENS. Le mot *bien* prend le sens ici de *beaucoup*. Les banques vont se proposer pour m'aider dans ces acquisitions, POUR MON BIEN paraît-il. Comme elles sont intéressées à mon mode de vie, elles ont intérêt à SURVEILLER MES INTÉRÊTS et elles me feront payer leur sollicitude, à forfait ou au pourcentage. Sinon, au lieu de me chérir elles me reprocheront de leur ÊTRE SI CHER !

Sommes-nous si éloignés de la vie que de l'associer au système économique ? La conscience et le réflexe d'ÊTRE EN VIE peuvent facilement être remplacés par la seule pulsion d'AVOIR ENVIE DE... L'expression GAGNER LE CIEL est différente de GAGNER SA VIE grâce à l'adjectif possessif... Cette notion de possession est fondamentale. Être possédé par le démon, par le jeu, par le démon du jeu est toujours très mal vu, tandis qu'être possédé par l'envie, l'envie d'avoir des biens est recommandé. Non pas que ce soit négatif, puisque les BONZES DE LA FINANCE peuvent les partager au lieu de célébrer le dieu DOLLAR-RAMA[3], mais ce mot *bien* reste ambigu : quelqu'un que J'AIME BIEN, me faut-il le posséder ? En faire ma possession ? On dit JOUIR D'UN BIEN... L'affectif et l'économique participent de la même idéologie. Dès le début, le mot *cher* a le double sens de ce qui est chéri et de ce qui est coûteux. Mais faut-il rappeler que le mot *bénéfice* signifie à la fois bien faire et faire le bien ?

Avec le mot *vie*, nous avons un bel exemple de confusion entre le contenu et le contenant, entre la partie et le tout. Ce procédé, la métonymie, permet de confondre la vie et sa manifestation. La vie, c'est soit le principe qui anime les êtres, soit l'espace entre la naissance et la mort. On dit RÉUSSIR SA VIE OU RATER SA VIE. Nous employons l'adjectif possessif pour nous approprier un contenu, à la différence d'autres sociétés où vivre c'est vital ! Vivre, c'est disposer des moyens pour subsister, principalement des vivres. Gagner sa vie, c'est gagner ses vivres. C'est le sens premier du mot *viande* : ce qui est nécessaire à la vie. Jusqu'au XVIIIe, il signifiait autant les fruits et les légumes que la chair d'un animal. C'est le même sens que nous trouvons dans le mot *végétal* dont la racine *vig* signifie la force vitale, l'énergie. Souvenons-nous du mot *vigueur*. Opposer un « carnivore » et un « végétarien » est résolument moderne. Entre les VIE-CTUAILLES et les VIE-TAMINES, les différences sont

---

3. Le catalogue Ikea, avec ses 170 millions d'exemplaires, est aujourd'hui la publication annuelle la plus lue au monde après la Bible (NdÉ : il va néanmoins être arrêté).

relatives au volume dans notre assiette… Peu importe le genre de restaurant où sont réunis les *convives*, rien n'empêche d'être un BON VIVANT.

La métaphore du COURS DE LA VIE est facilement associée au moteur de l'économie qui est le COURS DE L'ARGENT. La vie est liée dans notre esprit à l'élément liquide. Elle est quelque chose qui coule comme une rivière où nous avons la possibilité de NOUS MAINTENIR À FLOTS pour mieux suivre LE COURANT DE LA VIE. Si quelqu'un veut interrompre notre vie, il a la possibilité de NOUS LIQUIDER. Si nous ne sommes pas d'accord, nous avons la possibilité de lui donner de l'ARGENT LIQUIDE, retiré de notre COMPTE COURANT où nous avons effectué des VERSEMENTS, ou bien de LIQUIDER NOS BIENS en son nom si L'ARGENT COULE À FLOTS dans notre vie. Même si NOUS NAGEONS DANS L'OPULENCE, le cours de la rivière est instable comme LE COURS DE LA MONNAIE qui *fluctue* ainsi que les flots d'un fleuve. Il reste alors à LAISSER FLOTTER l'euro ou le dollar à la Bourse pour ÉPONGER LA DETTE sans ÊTRE À SEC. Finalement, toutes ces images qui relient la vie, l'argent et l'état liquide réalisent leur synthèse dans le mercure. Appelé d'abord *hydrargyre*, littéralement argent liquide, ce métal fut longtemps considéré par les alchimistes comme le support et le médiateur de l'esprit vital. Il est le rappel du dieu Hermès-Mercure si fréquent dans leur iconographie : intermédiaire entre les dieux et les hommes, il est également le dieu des voyages et du commerce.

*
* *

Engendrer ou PRO-CRÉER ne font pas de nous des Créateurs. C'est simplement reproduire l'espèce humaine. Tous les deux, nous sommes les *auteurs* de cet enfant, c'est-à-dire ceux qui l'ont fait croître. Cette image de la génération sera souvent reprise à propos de productions bien concrètes puisque des artistes ou des écrivains parleront de « porter mon œuvre et la nourrir», de la «mettre au monde comme si c'était mon enfant»[4]. Le langage nous apprend que nous ne donnons pas la vie. Simplement, nous transmettons un support biologique. D'ailleurs, plusieurs vont TROUVER LA VIE IN-SUPPORTABLE.

L'expression LE MAL DE VIVRE nous rappelle que vivre, c'est être bien. On ne dit pas «le bien de vivre» puisque cela paraît évident. Nous le savons à l'intérieur même de nos cellules. Par définition presque, la vie est BEL ET BIEN BONNE. Dans presque toutes les langues, nous découvrons une parenté étroite entre ces représentations. Pour nous, c'est beaucoup plus facile à concevoir que les notions de BIEN, de BEAU et de BON sont reliées grâce à la ressemblance sonore : une seule syllabe et la même labiale au début. Un BEAU geste n'est-il pas un geste de BON-té ? La cathédrale d'Amiens a son portail central dédié au BEAU-Dieu. D'une personne particulièrement jolie, on dira qu'ELLE EST BELLE COMME UN CŒUR. Un beau-père, une belle-mère devraient se comprendre comme des termes affectifs de : un bon-père, une bonne-mère. Le SENTIMENT DE LA BEAUTÉ nous dit que celle-ci est agréable à ressentir et à vivre. D'une certaine façon, la RICHESSE DE LA VIE est un pléonasme. Mais le mot *richesse* superpose qualité et quantité. Le bien, les biens, l'intérêt, ce qui est cher, tout cela participe au domaine affectivo-économique. On peut *estimer* un bien et quelqu'un, ou diminuer la valeur et le prix de la personne avec le *mépris*. Avec le MÉ-PRIX, on postulera de l'autre qu'IL NE VAUT RIEN, que c'est un *vaurien*. La confusion serait-elle résolue dans «chère chair chère» ? Vaut-il le COUP d'aimer ou cela vaut-il le COÛT ? De par la tradition, le métal argent est symboliquement féminin et il est associé à la vie. Le mercure qui lui ressemble à bien des égards sera appelé vif-argent. À cet argent femelle on prendra bien soin de donner un conjoint mâle, et ce sera tout un mâle que cet ÉTALON OR !

---

4. Pierre Guiraud systématise le lexique de la création dans sa *Sémiologie de la sexualité*, Paris, Payot, 1978, p. 44-45.

Chapitre V

Des goûts et des couleurs, on discute

L'étude des sens, de nos cinq sens, est passée du domaine subjectif au domaine industriel. Nous sommes maintenant capables de décomposer et de reproduire dans les laboratoires toutes nos réactions sensitives face à l'environnement : les odeurs, les sons, le goût, le contact et même la vision (virtuelle ou non). Est-ce que notre langage a suivi cette évolution, ou bien est-il resté à cette ancienne conception selon laquelle la description d'une pomme n'en donnera jamais le goût?

Dans quel sens?

S'il y a un mot qui prête le plus à confusion, au *double sens*, au *contresens*, au *non-sens* même, c'est bien le mot *sens*. Veut-il dire la signification, la sensation, l'émotion, la direction? Tout cela à la fois, afin de rencontrer le sens, l'ES-SENCE du réel. Notre division du corps et de l'esprit, des idées et des émotions, des perceptions et des sensations, tout cela est arbitraire en définitive et n'a pour but que de nous aider à analyser les portions d'un phénomène quand celui-ci nous paraît incompréhensible, non préhensile, non expliqué par nos seuls sens. Dès la NAI-SSANCE et peut-être avant, le bébé s'éveille au monde par ses sens et il n'aura de cesse de comprendre son environnement. Lorsque plus tard nous voulons partager un petit bout de savoir avec quelqu'un, nous voulons lui FAIRE SENTIR quelque chose afin qu'il comprenne comme une évidence, afin que cela lui TOMBE SOUS LE SENS. Être d'accord, c'est CON-SENTIR. Le contraire, c'est ne pas ÊTRE SENSÉ, même EN DÉPIT DU BON SENS.

Le mot *sens* signifie aussi une position dans l'espace, comme le sens de la longueur ou de la largeur. Le langage nous signale que nos organes de perception sont en même temps des outils de mesure. Nous délimitons ce monde physique qui nous entoure et nous réagissons. Avec le monde humain, nous sentons, nous ressentons, nous avons des *sentiments*. Jusqu'au XVIIe, l'appréciation subjective d'un phénomène était prise en considération par l'interlocuteur, ce que nous conservons aujourd'hui dans la phrase J'AI LE SENTIMENT QUE... Les *sentences* étaient, par définition, des avis donnés à partir d'une façon de *sentir*. Quelle que soit notre culture, le domaine des sensations est relié à la connaissance du réel. De même, le SENS DE LA BEAUTÉ existe en chacun de nous, avec un contenu différent de celui du voisin. Le mot *esthétique* signifie *sensation* avant qu'on le restreigne dans une définition qui sera renversée la génération suivante. La connaissance, ou CONNAÎT-SENS, englobe le réel avec l'humain au centre. Celui-ci conserve cette fantaisie du SENS UNIQUE et l'obligation du sens unique s'accompagne toujours du SENS INTERDIT. Pas seulement sur les routes.

Je sens tout cela

Quand on dit de quelqu'un que ON NE PEUT PAS LE SENTIR, on réfère à l'odorat. Nous savons maintenant que nous dégageons, en plus des odeurs habituelles du corps et de la même façon que les animaux, des odeurs subtiles ou phéromones. Ce seraient elles qui expliqueraient notre attirance ou notre répugnance spontanée envers telle ou telle personne. Parmi ces quelque 10 000 particules odorantes, plusieurs centaines révèlent notre individualité, mieux que les empreintes digitales. Pensons à ces mères qui, en fermant les yeux, reconnaissent à l'odeur leur bébé à la pouponnière. Nous avons conservé l'expression « être ou ne pas être EN ODEUR DE SAINTETÉ » pour quelqu'un que nous estimons grandement ou l'inverse. Mais est-ce seulement une image pour définir la réputation de quelqu'un? Plusieurs témoignages semblent faire croire en une étrange odeur, suave, alors dégagée du cadavre d'une sainte ou d'un saint[5]. Toujours dans le domaine mystique,

---

5. Voir les événements relatés par Jean-Joseph de Görres dans son livre intitulé *La mystique divine, naturelle et diabolique* (Grenoble, Jérôme Millon, 1992, p. 101-103. Rééd. 1854) et surtout l'ouvrage de Joachim Bouflet, *Encyclopédie des phénomènes extraordinaires dans la vie mystique. Tome I* (Paris, F.X. de Guibert, 1992, p.

on convoquait jadis tel dieu avec l'odeur dégagée par une substance que l'on brûlait : l'EN-SENS. L'importance des *parfums* (l'odeur de la fumée) est toujours reconnue dans les cérémonies religieuses et le prêtre catholique ou orthodoxe utilise son *encensoir* purificateur. Dans le domaine profane, il nous arrive d'ENCENSER QUELQU'UN par une atmosphère de louanges afin que la personne SE SENTE BIEN ! Plus prosaïquement, des substances volatiles sont facilement disponibles un peu partout et fortement recommandées afin que je sente moins mauvais et, peut-être psychologiquement, que JE ME SENTE MOINS MAL.

L'odeur est une des formes de la connaissance. Quelqu'un qui a de la perspicacité, c'est celui qui a l'odorat subtil comme le pensaient les Anciens, donc quelqu'un de *sagace*. Ce n'est pas le lot de tout le monde d'AVOIR DU NEZ, d'AVOIR DU FLAIR, d'AVOIR LE NEZ CREUX. Ceux-là ont la faculté de pressentir, de PRÉ-SENTIR, de FLAIRER LA BONNE AFFAIRE, d'ÊTRE AU PARFUM quand il s'agit d'un secret. Ils sont habiles à deviner (à DEVI-NEZ ?), à SENTIR LE MENSONGE, à repérer l'ODEUR DE SOUFRE dans un écrit subversif au contenu «diabolique», sexuel la plupart du temps. À la suavité de l'odeur d'un saint, on oppose, toujours selon la tradition, l'odeur suffocante du soufre brûlant quand il s'agit du Malin. Il n'y a pas si longtemps, pour chasser les esprits – mauvais bien sûr – d'un logement qu'on venait d'acheter, on brûlait une tablette de soufre et on revenait le lendemain pour ouvrir les fenêtres et chasser cette ODEUR INFERNALE, ce PARFUM DE TOUS LES DIABLES ! Le démon lui-même ne peut guère le SOUF(F)RIR... C'était une façon de GUÉRIR LE MAL PAR LE MAL. En face, nous avons les effluves, les senteurs, les fragrances, les arômes, les fleurances, les essences, bref les éthers qui nous placent dans un monde plus *éthéré*.

165-208) avec des exemples plus récents et mieux établis. Par ailleurs, il ne semble pas qu'il faille confondre cette odeur avec celle de l'ozone, dont le nom justement signifie «avoir une odeur», découvert au milieu du XIXe siècle. Ce gaz, qui exhale une odeur très caractéristique et agréable, se forme lorsque l'air est soumis à une décharge électrique.

J'ouïe...

Le mot OUÏE est particulièrement expressif : il comprend quatre voyelles sur les six écrites en français et il ne contient aucune consonne[6]. Le « Ï » tréma est important car le son devient tout à coup aigu pour l'oreille, provoquant notre attention. Un mot avec seulement des voyelles, et nous rejoignons les techniques de vocalisation de certains groupes pour atteindre un état vibratoire dans le corps conduisant à des états de conscience singuliers. À l'origine, en indo-européen, et encore dans plusieurs langues actuelles dont le tchèque, la voyelle est polyphonique en quelque sorte : elle est implicite par son absence ou bien sa tonalité est variable. Les CON-SONNES servent d'appui : par définition elles sonnent avec, elles accompagnent un son, sous-entendu la voyelle. Et ce mot OUÏE conserve ce pouvoir vocalique : il est semblable au OUI du point de vue de la sonorité, comme si le langage voulait montrer par là – et nous l'avons déjà signalé – que le OUI, l'acceptation, est la réponse à l'écoute parfaite du réel. Néanmoins, le OUÏ-DIRE a cette capacité de nous faire dire « oui » à ce qui est seulement rumeur… Nous sommes proches de ceux qui ont entendu des voix et les ont suivies : ceux qui eurent la *vocation*. Nous les profanes, parfois nous entendons LA VOIX DE NOTRE CONSCIENCE, mais le plus souvent, nous naviguons dans le monde des MAL-ENTENDUS, sans être à l'écoute de l'autre, dans la MAIS-ENTENTE. Bien écouter, c'est bien comprendre. La BONNE ENTENTE permet une relation plus durable.

Ouïr, écouter, entendre, ce sont tous des mots qui semblent synonymes. EnTENDRE, c'est tendre vers l'autre, c'est une tension. Je tends mon esprit, je tente de saisir ce que dit l'autre qui RÉCLAME MON A-TTENTION. Je reste vigilant et attentif et je ne fais que lui PRÊTER UNE OREILLE ATTENTIVE. À condition bien sûr que ce soit sensé, que ce ne soit pas IN-OUÏ. Quant au mot *écouter*, c'est *ausculter*, c'est comprendre la respiration et les sons produits, les intonations, les lapsus et LA LANGUE QUI FOURCHE. Ce qui est inaudible ou discordant, c'est AB-SURDE : je suis sourd à cela, JE N'Y ENTENDS RIEN.

---

6. Distinguons ici les voyelles écrites au nombre de 6, des voyelles phoniques au nombre de seize. Pour sa part, OISEAU contient cinq voyelles écrites et une consonne ; sa vocalisation reste douce et céleste…

Que veut signifier la personne qui nous dit « Tu ne m'écoutes pas », alors que nous l'avons très bien entendue et que nous serions capables de répéter mot à mot son discours ? En fait, elle veut nous dire : « Tu ne m'obéis pas », rejoignant ainsi le sens primitif d'*obéir* qui est d'écouter. Nous nous révoltons aisément face au discours de l'autre et nous voulons nous aussi AVOIR VOIX AU CHAPITRE avant d'ÉCOUTER LA VOIX DE LA RAISON. Nous voulons manifester notre voix comme les étudiants de Mai 68 qui renversaient le proverbe avec leur « Les oreilles ont des murs ». Oui, nous sommes peu aptes à l'écoute quand nous sommes irrités par la voix et que nous sommes PRO-VOQUÉS, quand notre voix n'est plus égale à celle de l'autre et qu'il n'y a plus d'ÉQUI-VOQUE. À la limite, parce qu'il n'y a pas de sensation auditive devant un phénomène ni de stimulation de la mémoire, ÇA NE ME PARLE PAS, ou bien ÇA NE ME DIT RIEN, ou encore ÇA NE RÉSONNE PAS EN MOI. Enfin mon esprit se repose : sans écoute et sans réponse, je suis indifférent.

Je vois...

Au tout début de la vie embryonnaire, les yeux font partie du cerveau. Est-ce pour cela que ce que nous percevons, ce que nous voyons s'accompagne presque automatiquement d'une explication, d'une interprétation du phénomène observé ? Ne dit-on pas JE VOIS CE QUE TU VEUX DIRE pour annoncer à l'autre que nous comprenons son message ? JE LE VOIS VENIR AVEC SES GROS SABOTS indique que nous percevons l'intention de l'émetteur. C'est PRÉ-VOIR, c'est voir à l'avance, c'est deviner, un peu comme Dieu dans sa sagesse en dehors du temps, dans sa PRO-VIDENCE. Du fait que nous ne sommes pas des *visionnaires*, cette providence se transforme en *prudence*, celle de nous POUR-VOIR de PRO-VISIONS au cas où... Mais nous avons de la difficulté à voir le réel, à le PERCE-VOIR, le voir d'un œil perçant, et nous faisons des BÉ-VUES, par exemple celle de voir la vie tout en noir ou tout en rose ! Le réflexe est de regarder d'UN FORT MAUVAIS ŒIL l'autre qui nous empêche de réaliser nos désirs, de lui jeter un regard *envieux* ou *malveillant*, bref de le REGARDER ENTRE LES DEUX YEUX. Au sens littéral, c'est regarder l'autre au milieu des yeux, au-dessus de la racine du nez, là où se situe selon certains LE TROISIÈME ŒIL. C'est le don de la seconde vue, de la double vue, de la CLAIRE-VOYANCE. Comme nous le voyons (!), ce que nous appelons des superstitions est conservé dans nos expressions. Le MAUVAIS ŒIL, c'est l'œil du mauvais, l'œil du Malin qui est opposé à l'œil de Dieu.

Le domaine religieux n'est pas le lieu des *évidences*, de ce qui est visible, si nous adoptons le POINT DE VUE d'une constante vérification. Chacun veut dire sa FAÇON DE VOIR, sa bonne VISION DES CHOSES, donc son *avis*. Pour voir plus clair, nous ferons appel à quelqu'un, parfois en ENTRE-VUE et nous procéderons à DES ÉCHANGES DE VUES. Alors, nous pourrons y VOIR CLAIR et CONCE-VOIR une explication, à moins que celle-ci ne reste UNE VUE DE L'ESPRIT.

J'ai le goût

Le goût est évidemment associé à la nourriture. L'enfant est d'abord un *nourrisson* qui tète le SEIN de sa mère ou son succédané qu'est le biberon avec sa tétine. Nous aurons le souci qu'il ait un corps SAIN et plus tard, par des nourritures spirituelles, peut-être aura-t-il la fantaisie de devenir un SAINT... Nous voyons ici que l'association phonétique se moque de l'origine des mots ; elle nous interpelle et nous provoque dans des rapprochements inhabituels. L'homophonie *sein – sain* n'est pas innocente. Pour qui est à la recherche de la *saint*eté, c'est le goût de Dieu. Un esprit sain dans un corps sain est la voie privilégiée d'une âme sainte : avec un seul son, les trois corps traditionnels (corps, esprit, âme) sont accordés. Le corps bien nourri participe au GOÛT DE VIVRE, il nous permet de mieux GOÛTER LA VIE. Mais est-ce seulement une image que la vie ait un goût ? Nos histoires de sexe appuient cette conception : elles sont PIQUANTES OU PIMENTÉES, ÉPICÉES OU SALÉES. Peut-être serons-nous MAL-SADES ou *maussades* devant quelques-unes que nous jugerons de MAUVAIS GOÛT. Le marquis de Sade n'aura pas fait honneur à son nom puisque « sade » signifie ce qui est agréable au goût !

La bonté est affaire de goût plus que de morale. On dit que LA VIE EST BONNE, par exemple quand on a le goût de sortir pour voir UNE BONNE PIÈCE ou un bon film. Nous aurons du goût pour juger telle œuvre et LE

GOÛT D'APPRENDRE ce que l'artiste a voulu signifier. La relation est logique entre SAVEUR et SAVOIR puisque ces mots sont des doublets du latin *sapere*. Que nous soyons d'accord ou non, «juger avec goût» a autant de sens que le «goût de juger» propre à beaucoup... Nous retrouvons ici le sens ancien de la sagesse puisque le mot *sage* vient de *sapidus* qui signifie avoir de la saveur, et par extension, avoir du goût, du discernement. Quand il s'agit spécifiquement d'une femme, nous avons quelqu'un d'habile et de grand jugement, une SAGE-FEMME. Signalons en passant que ce terme est également appliqué aux hommes qui procèdent à des accouchements. Mais que nous parlions de l'un ou l'autre sexe, n'oublions pas que les BONNES FEMMES et les BONS HOMMES désignaient aux XIIe et XIIIe siècles les prêtres cathares, ainsi appelés par le peuple avant que l'Église ne demande au roi D'Y METTRE BON ORDRE en permettant qu'on les massacre ou les brûle vifs, au mieux qu'on saisisse les biens de ceux qui les hébergent.

Je suis touché

Le toucher semble bien le plus fondamental de nos sens puisque la peau, c'est la sensation de plaisir ou de déplaisir avec l'environnement. L'inconvénient majeur d'être sourd-muet, ou aveugle, ou de ne plus sentir aucune odeur, ne saurait se comparer avec celui de ne plus avoir la perception tactile, de n'avoir plus aucun CON-TACT. Notre première définition du réel s'applique à ce qui peut être touché, donc à ce qui est *tangible*. Nous conservons ce réflexe enfantin de toucher pour nous assurer que c'est vrai : au musée, nous voulons promener nos doigts sur cette statue, ce tableau QUI NOUS TOUCHE QUELQUE PART. Mais le gardien veut conserver l'œuvre IN-TACTE! Ce qui nous entoure devient concret, réel et rassurant quand nous réussissons à TOUCHER DU DOIGT ce qui nous empêchait d'être bien, d'ÊTRE BIEN DANS NOTRE PEAU. L'expression résume le bien-être complet : du point de vue physique, mental et émotionnel. À un degré moindre, ÊTRE TOUCHÉ concerne à la fois une sensation et une émotion. Aux artistes et athlètes réputés qui s'étonnent et se plaignent de ce que les gens les touchent dans la rue ou leur donnent une petite tape sur l'épaule, on pourrait leur répondre que ce sont d'abord eux qui les ont touchés (dans leur émotion) et que la loi du retour (physique maintenant) s'applique à eux aussi.

Avoir du tact, c'est être sensible à l'autre, c'est d'abord savoir si l'autre est de bon (ou de mauvais) poil. Du coup, l'atmosphère est palpable quand l'autre est hostile sans l'exprimer véritablement. Ne me touche pas est le signe évident que la relation s'est détériorée. Auparavant, cette formidable attirance que nous éprouvions pour l'autre nous avait conduits à dire que je l'ai dans la peau. Comme nous lui accordions notre confiance, nous lui avons parfois demandé de nous *masser*, ce terme emprunté à l'arabe voilà deux siècles et qui veut dire toucher. Sensations et émotions étaient alors à fleur de peau.

Dans tous les sens

L'Église s'est fortement méfiée de l'extraordinaire pouvoir de nos sens. Dans l'administration de l'extrême-onction, le prêtre oint le malade sur les yeux fermés, les oreilles, les narines, la bouche fermée, les mains, les pieds, tout en récitant : « que le Seigneur vous pardonne toutes les fautes que vous avez commises par la vue, par l'ouïe, par l'odorat, par le goût et par la parole, par le toucher, par les pas et la démarche. » Encore maintenant et pour diverses raisons, dont notre éducation, nous apprenons rarement à pleinement utiliser et affiner nos sens. Nous prenons conscience d'une forte odeur ou d'un bruit fort et nous les interprétons séparément. Essayons donc de goûter un aliment en nous bouchant le nez... En réalité, le corps réagit par la mise en relief de tel sens par rapport aux autres. La synesthésie, ou perception simultanée, n'est pas réservée aux seuls poètes et mystiques. Le vers de Baudelaire : « Les parfums, les couleurs et les sons se répondent » est formulé autrement dans le langage courant.

L'odorat, la vue et le goût se rencontrent dans une belle odeur ou une bonne odeur, l'audition et la vue dans Écoutez voir ou Dites voir. Les mots voir et voix sont déjà très proches par le son. D'ailleurs, grâce à un « câblage » approprié, le cortex auditif pourra bientôt remplacer le centre de la vision chez les aveugles. Pour observer le silence, nous avons souvent le réflexe de fermer les yeux... Quand on nous demande d'OBÉIR AU DOIGT ET À L'ŒIL, nous avons l'ouïe, le toucher et la vue en cause. SENTIR SON REGARD concerne la vue avec l'odorat ou le toucher. CE QU'ELLE M'A DIT M'A BEAUCOUP TOUCHÉ relie l'audition et le toucher, de même que JE LUI EN AI TOUCHÉ UN MOT. On a coutume de dire que les expressions populaires sont imagées, en sous-entendant qu'elles n'ont pas vraiment de sens réel puisque ce sont des images. Et si un bon nombre devait se comprendre au sens littéral ? Les correspondances entre les impressions auditives et lumineuses sont reconnues lorsque nous parlons d'une COULEUR ASSOURDIE, d'une COULEUR TAPAGEUSE. On parle du *bruit* d'une photographie lorsque des pixels parasites la dénaturent. Un *accord*, une *gamme*, un *ton*, une *harmonie*, ce sont tous des mots qui caractérisent à la fois le domaine de la musique et celui de la peinture. Nous relions même les couleurs au toucher avec une COULEUR FROIDE ou une COULEUR CHAUDE, au goût avec une COULEUR ACIDE[7].

*
* *

Les expressions du domaine sensoriel nous montrent que la perception d'un phénomène est automatiquement liée à sa compréhension. Les sens sont à la base de la connaissance, de la CONNAÎT-SENS. Dans une conversation, nous dirons à l'autre « Tu vois » pour signifier « Tu comprends ». Que ce soit la saveur et le savoir, le goût et l'idée de beauté, le toucher et l'émotion, l'ouïe et l'entendement, la vue et le point de vue (le SA-VOIR?), tout cela nous montre que le corps et l'esprit sont un tout et que les diviser ÇA N'A PAS DE BON SENS. Mais de la même façon que nous utilisons seulement une partie de la capacité de notre cerveau, nous utilisons grossièrement nos sens. Sentir quelque chose s'accompagne d'une réaction de plaisir et de déplaisir, mais ce que nous appelons LE PLAISIR DES SENS fut confiné, au XVIIIᵉ siècle, aux plaisirs de l'amour. La SENSualité est devenue JOUI-

---

7. Pour tout ce qui regarde les couleurs, voir Colette Guillemard, *Le dico des mots de la couleur*, Paris, Seuil, « Les Dicos de Point Virgule », 1998.

SENS. La LITTÉRATURE CUTANÉE est l'euphémisme récent de la littérature porno aux nombreuses photos. Le geste d'affection non autorisé par la loi ou le destinataire est réputé équivoque. On dira *attouchement* au lieu de *toucher* et il sera automatiquement sexuel. Cette méfiance envers les sens est toujours actuelle. Le mot *sensiblement* signifiait «beaucoup» et aujourd'hui «approximativement, à peu près»: le sens s'est amoindri... *Hypersensible* veut maintenant dire caractériel. Tout cela SENT LA PEUR quelque part. Interdiction et exploration des sens sont loin de l'INNO-SENS!

Chapitre VI

Les é-motions et ex-pressions

L'aigreur, l'amertume, la douceur, réfèrent autant aux émotions qu'au goût. Le terme sensibilité concerne à la fois les sensations et les sentiments. Tout cela ne nous surprend pas. La *rancune*, ou goût rance, n'est pas plus agréable au palais que dans nos relations. Dire J'AI LE SENTIMENT QUE..., c'est affirmer l'imprécis de ma pensée. Pour souligner qu'il s'agit du domaine affectif, au lieu d'utiliser le polyvalent *sentir*, on dira RE-SSENTIR. Ou bien on emploiera le verbe *émouvoir* à la voix passive : « Je suis ému ». Puisqu'on dit les idées et qu'on exprime les émotions, comment nous débrouillons-nous pour dire les émotions ?

Exprimer

Le *sentiment*, c'est ce qu'on ressent et l'É-MOTION c'est ce qui est en mouvement. Elle est donc en relation étroite avec la vie qui, elle, est dynamique et évolutive par sa nature même. *Émouvoir*, c'est mouvoir quelque chose en moi ou chez l'autre. Nous dirons facilement que les émotions sont le *moteur* de nos actions. De fortes émotions et nous avons l'impression de « geler », de ne plus sentir la vie qui nous anime. Le mouvement, l'animation, la non-tranquillité ou IN-QUIÉTUDE, tout cela indique que nous sommes continuellement ballottés au gré des événements et de nos attirances ou répulsions.

Devant cette chose, cette situation, cette personne, nous sentons une pression à l'intérieur, nous nous sentons *oppressés*. Pour enlever ce désagrément, une des façons est de l'exprimer. Par un geste, par un cri, par la parole. EX-PRIMER, c'est faire sortir en pressant. On dit « exprimer » le jus d'un fruit. Pour libérer par la parole cette pensée confuse et ces sentiments diffus, nous inventons et utilisons des *expressions*. Il s'agit d'un langage imagé car les procédés stylistiques employés frappent notre imagination. Par exemple, comment exprimer ce qui me heurte, ce qui me touche dans cette fleur ? Vu que ses pétales sont rouges comme la crête d'un coq et que celui-ci a un cri bizarre traduit à peu près par *coquelicoq* jusqu'au XIVe, je vais appeler cette plante un *coquelicot*. Avec la même simplicité, la culture populaire verra dans la fleur *ancolie* l'emblème de la *mél-ancolie* sans que les deux mots aient la même origine. Également, le *souci* (*solsequia* en latin) sera l'emblème du souci parce que cette fleur, qui suit le Soleil, semble perdre sa vitalité au soleil couchant. On la connaît aussi sous le nom de *tournesol*.

La langue populaire est fondamentalement expressive. Demeurons dans le domaine végétal alors que les paysans nommaient leur environnement sans l'aide d'une langue « technique » comme le latin. Y a-t-il plus commun que l'herbe ? Parmi la quarantaine d'expressions la désignant et contenant le mot, nous avons l'herbe aux ânes (l'œnothère), l'herbe aux chats (la valériane), l'herbe aux gueux (la clématite), l'herbe aux perles (le grémil) et la fameuse herbe de la Saint-Jean (le gléchome ou l'armoise), cueillie le 21 juin et à laquelle on attribuait des vertus magiques. Le nom entre parenthèses est le nom technique : est-ce celui que nous préférons ? Le langage expressif, qui est spécifique à toute langue et particulier à certains groupes, traduit nos émotions et nos sensations. Il refuse en quelque sorte les termes techniques, trop contraignants dans leur sens. Chacun de nous a le réflexe d'associer une image connue à un nouvel objet au lieu d'apprendre UN NOM QUI NE NOUS DIT RIEN. Quand nous référons aux animaux, cet engin élévateur est une *grue* ou une *girafe*, cet instrument pour ramoner une cheminée un *hérisson*. Ou bien nous personnifions l'objet pour l'intégrer à notre quotidien. Combien ont attribué un prénom à la machine avec laquelle ils travaillaient !

Humeurs et couleurs

L'identification des humeurs et des émotions est restée dans le langage qui conserve ainsi tout un ancien savoir que nous traduisons par langage expressif… Les Anciens distinguaient quatre humeurs dans le corps : le flegme ou lymphe, le sang, la bile et l'atrabile ou bile noire. Ces humeurs, ou liquides organiques, restent encore rattachées à nos états émotifs. Qu'il y ait prédominance de l'une, et nous sommes de MAUVAISE HUMEUR ou d'HUMEUR CHAGRINE. S'il y a équilibre, nous sommes de BONNE HUMEUR. Quand la bile, ou bile jaune secrétée par le foie, l'emporte sur les trois autres, nous avons quelqu'un de bilieux qui entre facilement dans UNE COLÈRE NOIRE. Si la MÉLAN-COLIE, littéralement la bile noire, censément celle de la rate, affecte la personne, celle-ci sera d'humeur à SE FAIRE DE LA BILE, pour un propos dérisoire peut-être, mais elle sera de toute façon d'HUMEUR NOIRE, au point de BROYER DU NOIR, de VOIR TOUT EN NOIR. Un seul remède aux PAROLES FIELLEUSES : SE DILATER LA RATE ! L'expression est à prendre au sens propre puisqu'on supposait que l'état dépressif était consécutif à un surplus de bile noire, donc qu'en dilatant la rate on évacuait ce surplus. Nous avons beau jeu de sourire, et pourtant nous continuons après Galien de diviser la psyché humaine en catégories explicables. L'humeur atrabilaire ou mélancolique a été remplacée par notre tempérament nerveux, l'humeur bilieuse par le tempérament colérique et les deux autres calquées en tempérament sanguin et flegmatique. Quant à l'humeur joyeuse, elle peut être convertie en *humour*.

Les couleurs sont associées aux humeurs et aux émotions. Le changement de coloration de notre visage est fréquemment l'indice d'un changement émotionnel : le langage fait le pont entre les deux phénomènes. En ce qui concerne la colère, on SE FÂCHE TOUT ROUGE, on est BLANC DE RAGE, on a une COLÈRE BLEUE. Avec ces locutions, nous nous représentons mieux l'émotion et les traits de la personne que la simple explication de l'afflux ou du retrait du sang au visage. Les mêmes couleurs sont également unies à diverses émotions. Ainsi, on peut ROUGIR DE HONTE, de timidité, de modestie, de plaisir, de dépit, de confusion. On sera BLANC DE PEUR et on aura UNE PEUR BLEUE de tel événement. Bref, nous risquons D'EN VOIR DE TOUTES LES COULEURS. Pas tout à fait, car le jaune semble seulement associé à l'envers de la joie : RIRE JAUNE, et le vert à la peur encore une fois : VERT DE PEUR.

Astres et dieux

L'expressivité met en relation deux éléments ou deux niveaux. Si les émotions sont reliées au corps par le biais des humeurs et des couleurs, leur intensité est liée à l'image de plusieurs dieux anciens. Par exemple, la peur PAN-IQUE est la plus grande des peurs, la plus irraisonnée, celle où quelqu'un peut PERDRE LA RAISON : le mot *panique* fait allusion au dieu athénien Pan dont l'apparition était censée provoquer la terreur chez les ennemis et... chez les bergères et bergers confondus qu'il poursuivait de ses « bas instincts ». L'image qu'on s'en formait est à l'origine de notre Satan médiéval : velu et cornu, aux pattes de bouc, et lui aussi maniacoséducteur. C'est un satyre. Quelqu'un au caractère *jovial* n'imaginera peut-être pas que le dieu Jupiter l'accompagne de son nom, bien différent du Dieu SÉRIEUX COMME UN PAPE des chrétiens. C'est donc à la plus grande planète du système solaire qu'on attribua le nom du plus grand des dieux : Jupiter, et la plus agréable des émotions : la joie. Quant à son père qu'il a détrôné, le dieu Saturne, celui-ci nous a légué son caractère *saturnien* ou mélancolique. Le colérique est souvent *furieux*, à l'égal des furies romaines ou divinités de l'enfer. N'est-il pas vrai que c'est l'Homme qui a fait Dieu à son image ?

Mort-dre !

Une émotion se présente rarement seule et les mots la définissant sont rarement neutres. À la fois anxiété et colère, culpabilité et dépression, la jalousie est le plus formidable cocktail de la souffrance émotive : très mal vue dans les rapports amoureux, elle est acceptée, sinon encouragée dans les rapports sociaux sous le terme *ambition*. La *colère* a près de quinze synonymes, autant que le mot amour, mais aucun ne sera apprécié par la victime. Lors d'un conflit, l'*agression* vient forcément de l'autre et la *défense* sera de notre bord. Le remords est toujours conseillé pour un criminel, sinon le juge peut en tenir compte dans la sentence et les journaux parleront d'un ignoble personnage que l'on va MONSTRER à la première page. Le RE-MORDS suppose l'action de mordre, de mordre une nouvelle fois, de mordre en retour. Qui mordre de nouveau, sinon soi ? À la souffrance du premier mordu, doit s'ajouter un second mordu, une seconde souffrance. Le juge va IMPOSER UNE PEINE pour équilibrer le chagrin de la personne lésée, pour que le coupable puisse à son tour AVOIR DE LA PEINE face à son acte[8]. Quelqu'un avait PORTÉ PLAINTE, littéralement quelqu'un avait porté sa plainte et montré sa douleur devant une personne autorisée, et ce quelqu'un demande réparation ou sanction. Nous conservons cette idée que des personnes doivent souffrir quand nous sommes lésés, qu'elles doivent être PEINE-ALISÉES ! Œil pour œil, souffrance pour souffrance. Dans cette perspective, LA PEINE DE MORT n'a aucun sens puisque le mort n'aura plus de peine... Quand le fautif exécré ne se REPENT pas, ne se RÉPAND pas en regrets ou en larmes, quand il ne se LARMENTE pas, la souffrance reste fortement présente chez la victime qui la sent, qui la ressent jusqu'au RE-SSENTIMENT. Celle-ci n'aura de cesse de LUI FAIRE PAYER ce vaste chagrin, de le faire payer d'abord avec son compte en banque ! Sans qu'elle s'en doute, cette personne a un comportement conforme à l'étymologie. En effet, le mot *peine* signifiait en grec la compensation versée pour une faute et le mot *payer* vient du latin *pacis* qui signifiait «paix». Payer, c'était effectivement avoir la paix de celui qui nous avait fourni un service ou une marchandise. Quelqu'un va maintenant payer ce qu'il m'a dérobé, payer aussi le PRIX DE MA SOUFFRANCE s'il veut avoir la paix. Je serai MAL-HEUREUX, heureux du mal causé. Peut-être que d'autres *vacheries* vont s'ensuivre si l'un des deux continue de RUMINER SA COLÈRE. C'est ce qui advient quand on l'ENVOIE PAÎTRE...

Dans le mot *aGRessivité*, nous avons le son [GR] transformé en l'onomatopée «GRR» qui est souvent utilisée dans les bandes dessinées avec ses «R» redoublés. Il est présent dans *graffiter, gratter, grenouiller, grêler, grogner, gronder*, tous du domaine de l'hostilité. Le plus étonnant, c'est que si nous ajoutons à ce «gr» la voyelle la plus aiguë «i», tous les verbes ou

---

8. Depuis la réforme de la procédure pénale en France, on remplace la notion d'«inculpation» qui réfère à la culpabilité par les notions de «mise en examen» et «mise en cause» (Sylvie Brunet, *Les mots de la fin du siècle*, Paris, Belin, «Le français retrouvé», 1996, p. 239-241). Mais ces concepts ne sont pas encore intégrés dans le langage courant.

presque réfèrent à l'agressivité : *griffer, griller, grimacer*, etc.[9] Comme l'animal en situation de danger, nous ouvrons la bouche et montrons les dents. L'oGRe va même prolonger sa pulsion, ainsi que sa compagne l'oGRESSE qui aGRESSE. Que dire de la GRève, rarement pacifique ! Cette hostilité envers l'autre pourra me conduire à être HORS DE MOI. Oui, hors de moi, hors du MOI équilibré alors que le mental a repris son pouvoir dictatorial : maintenant, toute chose ou toute personne doit obligatoirement ressembler à ce que j'exige. Par contre il y a l'amour, et L'AMOUR EST PLUS FORT QUE TOUT diront plusieurs. Vont-ils nous faire croire que lorsqu'ils disent « Je t'aime », ils n'expriment pas parfois « Je T'A-I-me », ou « Je t'haïs » comme on dit au Québec ? De plus, cet amour ne s'accompagne-t-il pas du sentiment de possession avec « Je T'AI-me » ? La haine n'est pas très bien vue comme sentiment et on lui préférera la forme atténuée « Je ne t'aime pas vraiment, mais vraiment pas du tout ! ». Pourtant, agressivité et plaisir ne sont pas toujours opposés : DÉCHARGER sa colère évoque la jouissance sexuelle !

Cette hostilité, nous pouvons la renverser contre nous et nous l'appelons alors culpabilité et dépression. Tandis que du monde extérieur nous recevons des *in-pressions* que nous communiquons en *ex-pressions*, nous avons ce sentiment très désagréable de SOMBRER DANS LA DÉ-PRESSION lorsque la pression s'exerce de haut en bas. *Sombrer* contient le sens de tomber, de se noyer, de s'abîmer dans le sombre, là où nous ne voyons plus guère la lumière dans l'abîme, là où nous avons les IDÉES NOIRES. Avec son air abattu, son air affaissé – voir la dépression de terrain – la personne a l'impression de chuter sans pouvoir s'accrocher à quoi que ce soit. La tension du contrôle individuel sur le réel a cédé la place à la pression d'un monde incompréhensible et dangereux. Nous ne voulons plus PORTER LES AUTRES SUR NOS ÉPAULES, nous les LAISSONS TOMBER, tomber à leur tour. Nous ne voulons plus de leurs pressions. Cette idée de tomber est fondamentale dans

---

9. Sur un peu plus de 60 verbes commençant par « gr » dans le récent *Petit Robert*, la moitié ont une connotation clairement négative et seulement 6 une connotation positive : gracier, graduer, grainer, grandir, gratifier, grouper. Les autres sont relativement neutres. Sur les 13 verbes commençant par le son « gri », seulement 1 a une connotation neutre ou positive : grisoller (le chant de l'alouette).

notre langage car elle suppose un changement. Nous avons la possibilité de TOMBER AMOUREUX ou de TOMBER MALADE, la femme de TOMBER ENCEINTE si nous retenons cet anglicisme. *Tomber* rappelle aussi la *tombe* qui symbolise la mort, la mort de quelque chose. Adieu le paradis perdu de nos certitudes, en compagnie d'Adam et Ève nous connaissons la chute.

*
 * *

Le langage, à l'égal de l'enseignement des sages, nous prévient du danger des sentiments. En face de telle personne, je suis troublé : est-ce qu'elle me donnera l'occasion d'AVOIR DU TROUBLE? Les émotions me concernent comme individu, comme sujet : elles sont subjectives. Mais la définition littérale de SUB-JECTIVITÉ ne comprend-elle pas ce qui est jeté dessous? Pensons aux sujets du roi. É-PROUVER une émotion, c'est passer une épreuve. Quant à l'*affection*, c'est à la fois un sentiment agréable et une maladie traitée par un médecin. ÊTRE EMPORTÉ PAR SES ÉMOTIONS n'est certes pas un modèle de vie. La RAGE contre l'autre s'accompagne d'une relation oRAGEuse. Avec tout ce côté négatif, le langage nous confronte et conclut que nous sommes seuls responsables de nos humeurs. À quelqu'un qui SE LÈVE MARABOUT et commence sa journée en ronchonnant, en bougonnant, grinchonnant et grognant contre sa femme, son mari, son patron, la société en général, la langue populaire répond : IL A VU SON CUL EN SE LEVANT !

Les psychologues, en principe, aident à diminuer les émotions nocives, celles qui nous font du tort. Pourtant, il y a là un détournement du sens original de ce métier. Guérir grâce à une PSYCHO-THÉRAPIE, c'est guérir la psyché, guérir l'âme et cette tâche était naturellement dévolue aux prêtres. Avoir LE MORAL À TERRE se guérissait avec LA morale, et des prières. Au XVIIe, débarrasser le malade des esprits qui le tourmentaient était le domaine de la *psychologie*. Mais aujourd'hui, alors que la confiance envers les prêtres et les sorciers a disparu, comment parler de l'âme à un Occidental qui vient consulter? N'est-il pas plus facile de parler de la confiance en soi au lieu de LA CONSCIENCE EN SOI ? On ne conseille pas au psychologue de donner du LSD à son client pour que celui-ci puisse atteindre un état PSYCHÉ-DÉLIQUE, c'est-à-dire révélant l'âme. De même qu'il vaut mieux enseigner les moyens anticonceptionnels que parler d'amour, parler des sentiments est plus terre-à-terre, moins impliquant : il y en a même qui conseillent, à l'exemple des patrons, de GÉRER LES ÉMOTIONS. Alors, en évacuant le concept d'âme, pourquoi la thérapie des seules émotions ne garantit-elle pas automatiquement la sérénité ?

Chapitre VII

De tout mon cœur sans passion

Précédemment, nous avons surtout parlé du sentiment de la colère. En face, prenons le sentiment du cœur. Autant le premier est clair dans sa manifestation, autant celui-ci est incertain. Son importance est pourtant regardée comme fondamentale dans notre société, témoin toutes les locutions qui entourent le mot *cœur :* une centaine[10].

Un grand cœur

La racine *cor/cordis* est à l'origine de *cœur*, mais encore de *courage*, d'*accord*, de *concorde*, de *cordial*, de *courroux*, de *miséricorde*, de *rancœur*, de *record*, etc. Si le cœur couvre toute la superficie affective, il est également le centre, ce qui est essentiel, ce qui est central : AU CŒUR DU PROBLÈME, nous en aurons LE CŒUR NET. Employé dans toutes sortes de circonstances, le mot a toujours bénéficié d'une aura positive. La pire opinion que nous puissions avoir de quelqu'un est de croire qu'IL N'A PAS DE CŒUR, que c'est UN SANS-CŒUR. Ce que l'on estime de la personne, ce sont SES QUALITÉS DE CŒUR. La mère dira de son enfant QU'ELLE LE CONNAÎT PAR CŒUR, totalement, qu'elle le connaît aussi avec son cœur.

Le cœur se rapporte autant à la physiologie de l'individu qu'à ses qualités intellectuelles. La méthode pour développer la mémoire et l'intelligence fut longtemps celle d'APPRENDRE PAR CŒUR des informations sans que celles-ci fussent jugées essentielles. Dans la grammaire, on distinguait LES VERBES DE CŒUR comme penser, étudier, savoir, enseigner[11]. En outre, pendant longtemps le cœur désigna le thorax et l'abdomen. AVOIR MAL AU CŒUR

---

10. Tout un dictionnaire est consacré à ce mot : Roland Eluerd, *Le dico du cœur*, Paris, Belfond, 1989.
11. Michel LIS et Michel Barbier, *Dictionnaire du gai parler*, (Paris), Mengès, 1980, p. 173.

après avoir mangé tel plat ou AVOIR UN HAUT-LE-CŒUR pour dire la nausée, tout cela concerne l'estomac. Mais AVOIR DU CŒUR AU VENTRE, c'est avoir du courage, c'est vaincre la peur qui nous tord le ventre. Courage et cœur étaient confondus au Moyen Âge dans la poésie courtoise, jusqu'au XVIIe en fait, puisque dans *Le Cid* Don Diègue interpelle son fils pour le venger avec : « Rodrigue, as-tu du cœur ? ». Par conséquent, le COUR-AGE ne serait-il pas l'âge du cœur ? L'état adulte abandonne-t-il l'adolescence le jour où il nous faut METTRE DU CŒUR À L'OUVRAGE ? Maintenant, c'est PRENDRE À CŒUR ce que nous faisons parce que CELA NOUS TIENT À CŒUR. Par antiphrase, les jeunes Québécois diront de tel spectacle que C'ÉTAIT ÉCŒURANT pour manifester leur grand plaisir.

Passion ne ment ?

Le cœur est associé à l'affection, à l'amitié, à l'amour. Les deux personnes ont l'impression d'être attirées l'une vers l'autre, attirées comme par un *aimant*, par quelqu'un d'*aimant* : la confusion des deux « aimants » est d'autant plus forte qu'elle est inconsciente, même si ces homographes n'ont pas la même origine. La volonté n'intervient plus, c'est la *passion*. Arrêtons-nous quelques instants sur ce mot. La scène la plus connue, c'est la passion du Christ, c'est-à-dire sa souffrance. À l'image de l'ancien verbe *pâtir*, être passionné ne trompe personne : c'est endurer, subir. Le Christ est figuré souffrant sur la croix. Ce n'est pas le Jésus heureux d'enseigner la grâce de Dieu, ni celui qui a vaincu la mort. Son enseignement d'amour est devenu EN-SAIGNEMENT avec ses blessures aux mains, aux pieds et au flanc. Jésus-Christ est devenu JÉSUS CRIE sur la croix. Il a LE CŒUR QUI SAIGNE dans les images du Sacré-Cœur. À cette crucifixion sanglante, on me demande d'y CROIX-RE. Pourquoi ne serait-ce pas une CRUCI-FICTION ? C'est au VIe siècle que l'on commence à montrer Jésus attaché sur la croix et c'est un concile qui ordonna en 692 de représenter le Christ en croix sous les traits de l'homme, non plus sous la forme de l'agneau et entouré du Soleil et de la Lune[12]. Dans le monde profane, au XIIe siècle, la passion est vue comme une extrême souffrance avec le couple mythique de Tristan et Iseut. Il se produit alors un glissement du sens : cet amour est alimenté par les épreuves et la transgression des conventions sociales, dont le mariage. Le récit de base écrit en langue *romane* se transforme en *roman* pour ce genre d'histoire qui, elle, devient *romanesque*, puis *romantique*. L'AMOUR et LA MORT en dessineront le fond sonore et narratif.

La passion n'est plus présentée comme une SUPERCHERIE des sens, mais comme une SUPER-CHÉRIE de l'amour. «Je t'aime de tout mon corps» semble former son contour. Pourtant, *assouvir* (ses passions) et *assoupir* (sa conscience) ont la même origine latine *sopire* qui signifie endormir... Néanmoins, notre amour, pour être nommé comme tel, doit être IN-TENSE, sous le signe de la tension. Avec notre souffrance amoureuse, nous demanderons la COM-PASSION à nos amis, nous leur demanderons d'être d'accord avec nous, de nous dire que nous avons raison d'avoir mal, que nous avons de bonnes raisons de souffrir. Ils participeront même à notre souffrance et pleureront avec nous : ils seront SYM-PATHIQUES. Pour aimer la souffrance, qui a dit que le Moyen Âge et le christianisme étaient dépassés ?

Au fond, à gauche...

Même si le *cœur* pouvait définir le torse et le ventre, les Anciens savaient évidemment que l'organe est situé à gauche dans la poitrine. Il y a ici un certain paradoxe : traditionnellement le cœur a une connotation positive et le côté gauche, une connotation négative. C'est ce côté *senestre* qui nous donne le mot *sinistre*. On appelait MARIAGE DE LA MAIN GAUCHE l'union de deux personnes qui n'était pas reconnue par la famille ou par la loi. Par exemple, celle d'un seigneur qui donnait sa main gauche à une roturière lors de la cérémonie nuptiale. Par exemple, une longue cohabitation sans sacrement ni notaire.

---

12. Jean Chevalier et Alain Gheerbrant, *Dictionnaire des symboles*, Paris, Robert Laffont/ Jupiter, 1982, p. 12.

AVOIR LE CŒUR À GAUCHE ET LE PORTEFEUILLE À DROITE est une expression intéressante, car elle relie explicitement le cœur à l'idéologie. En plus, elle consacre cette dualité traditionnelle entre les sentiments et la raison, entre ÉPROUVER et PROUVER. Écrire de la main gauche – comme le dit la chanson d'amour de Danielle Messia – c'est écrire avec son cœur, ce qui n'était certes pas l'objectif de l'éducation scolaire où on obligeait les enfants à écrire avec la main droite, avec la raison. La notion de gauche politique quant à elle, réfère aux révolutionnaires de 1789 qui s'installèrent à gauche du président de l'Assemblée nationale lors du vote restreignant les pouvoirs du roi. Depuis ce temps, les défenseurs du faible et de l'orphelin, les défenseurs de la vertu sont vus comme des gens de gauche. Mais on sait bien qu'il ne faut surtout pas leur donner le pouvoir, à ces syndiqués, à ces étudiants et écologistes : on rit de leurs GAUCHE-RIES auxquelles il faut forcément s'attendre. Ils sont bien sympathiques, bien gentils et... totalement incapables de gouverner. À preuve, METTRE DE L'ARGENT À GAUCHE, c'est soit thésauriser, auquel cas l'argent ne profite à personne, soit avoir de l'argent acquis malhonnêtement. Il vaut mieux laisser l'argent à la droite, qui, elle, saura l'employer! Au moins ces gens-là ne sont pas malhabiles, ils ne peuvent ÊTRE GAUCHES. Ce ne sont pas des extrémistes, des gauchistes. Si le terme *droitisme* n'existe pas dans les lexiques, serait-ce parce qu'il n'existe pas d'extrémistes de ce bord? La gauche a mauvaise réputation; en revanche la droite est à droite, elle reste À-DROITE pour conserver le pouvoir À TOUT PRIX!

Atout cœur!

Le mot *sentiment* sous-entend habituellement le sentiment du cœur, ce qui le distingue du sens général de *émotion*. AVOIR DU SENTIMENT pour quelqu'un, c'est avoir de l'attirance à son endroit, souvent l'aimer. Les battements du cœur sont le baromètre de ce que nous ressentons. Mais parfois LE SENTI MENT. Par exemple, ce que nous éprouvions pour l'autre comme de l'aversion, en était-ce réellement? Parfois LE CŒUR N'EST PAS À LA BONNE PLACE et ce que l'autre m'a causé me RESTE SUR LE CŒUR, à moi qui lui avais OUVERT MON CŒUR. Maintenant, JE NE LE PORTE PLUS DANS

MON CŒUR et dans ce qu'il me demande encore, LE CŒUR N'Y EST PAS, je vais le FAIRE À CONTRECŒUR. Bientôt, je vais lui REFUSER MON CŒUR et je partirai, LE CŒUR LOURD, LE CŒUR GROS.

Cependant, il y a nettement plus d'expressions positives concernant le cœur que de négatives. D'ailleurs, le plus parfait des métaux lui est associé. L'or était jadis considéré comme le métal le plus accompli puisqu'il est impossible de le corroder. Dans les correspondances entre les métaux et les planètes, les Anciens associaient l'or au Soleil, à l'astre de vie. Dans celles entre les organes du corps et les planètes toujours, on plaçait ce soleil couleur d'or à l'endroit que nous appelons toujours PLEXUS SOLAIRE. Est-ce par hasard si la syllabe OR est contenue dans adORer, trésOR et ORGasme ? Ne dit-on pas « mon trésor (très or ?) » pour exprimer la profonde affection ? Quelques-uns en sont très FIERs et vont jusqu'à s'en glORiFIER dans leur ORgueil. L'expression AVOIR UN CŒUR D'OR signifie une grande bonté, une grande générosité envers les autres, ce qui s'oppose au CŒUR DE MARBRE ou au CŒUR DE PIERRE de l'insensible.

Le cœur, c'est ce qui rapproche les humains. Être d'*accord* avec quelqu'un, ou mettre d'accord deux personnes, les RA-CCORDER, c'est faire appel au cœur de chacun pour les réunir au-delà des différences ou des oppositions d'intérêts. C'est trouver LE CHEMIN DU CŒUR, celui de la sincérité, de l'authenticité, de l'amour. Être unis de cœur, c'est la *concorde* qui résonne tel un accord de musique. Être sensible au malheur ou à la misère de l'autre, c'est faire preuve de MISÉRI-CORDE. C'est AVOIR LE CŒUR SUR LA MAIN et, à la personne qui m'a DONNÉ SON CŒUR, je PAR-DONNERAI plus volontiers ses erreurs.

*
* *

Nous relions facilement le cœur à l'amour et l'amour à la passion. Pourtant, il s'agit de trois mots différents. Affection, amitié, attachement, inclination, tendresse, sont d'autres termes pour dire cette attirance vers l'autre. SE JETER À CORPS PERDU dans la passion ? La folie ou le FAUX LIT de l'amour ? Nous avons tant de difficultés à VOIR CLAIR DANS NOTRE CŒUR. L'ARRÊT DU CŒUR, c'est la mort de cet amour qui n'a rien d'éternel. Lors d'une hésitation entre deux décisions, lorsque nous sommes EN AMOUR PAR-DESSUS LA TÊTE, plusieurs nous diront ÉCOUTE TON CŒUR alors que d'autres préféreront LA VOIX DE LA RAISON. La voie de la raison ou la voie du cœur ? Au XVIIIe siècle, on disait autant LARGEUR DE CŒUR que LARGEUR D'ESPRIT.

Chapitre VIII

L'amour de toi

Le cœur et l'amour sont souvent confondus dans le domaine de l'affection, mais le second paraît plus intense. Nous savons les symptômes de l'amour, sans savoir véritablement le pourquoi. Le « Je t'aime » suffit pour changer toute une vie. C'est une phrase magique, attendue de l'un et refusée à l'autre. Par contre, le verbe *aimer* s'applique à tellement de domaines qu'il perd son sens en quelque sorte : on aime la soupe, la patrie, une cause, une personne, etc. Au siècle dernier, une terre « amoureuse » était une terre fertile et, dans le domaine de l'imprimerie, un papier « a de l'amour » quand l'encre s'y imprègne correctement. Sujet de discussions interminables sur ce qu'est « aimer vraiment », l'*amour* a pourtant une définition claire dans le *Petit Robert :* « Disposition à vouloir le bien d'une entité humanisée (Dieu, le prochain, l'humanité, la patrie) et à se dévouer à elle. » Sommes-nous prêts à nous dévouer pour la personne à nos côtés ?

L'amour en minuscules

On reconnaît volontiers l'origine latine de *aimer* (*amare*), mais remontons dans l'histoire, vers une possible racine indo-européenne : *dma*, qui contient l'idée de plier. Nous croisons cet ancien sens lorsque NOUS NOUS PENCHONS SUR LE SORT des démunis ou bien lorsque NOUS AVONS UN PENCHANT VERS quelqu'un. Nous pouvons AVOIR DE L'INCLINATION pour cette personne, nous avons le goût de nous incliner et de rabattre ce fabuleux orgueil qui nous invite à nous contempler... Une petite musique dans la tête murmure que notre duo sera en accord et que RIEN DE CROCHE ou de double-croche ne saurait transformer notre harmonie en LARMONIE. Une formidable envie nous prend de chérir cet autre, de lui être *cher* et *charitable* puisque les deux mots vont ensemble. Oui, le verbe AIMER s'accompagnera du verbe AIDER et S'AIMER s'accompagnera du verbe SEMER.

Dans ce monde idéal, avec ce langage idéal, celui du sens premier, rajoutons que *embrasser* c'est prendre dans ses bras, *caresser* c'est chérir, *baiser* c'est poser ses lèvres et *faire l'amour* c'est courtiser. Bien sûr que ce sont les définitions du temps jadis, mais elles montrent que cet ancien langage des gestes et des attitudes dans le pays du tendre débordait alors sur le domaine social. Nous avons conservé EMBRASSER UNE CARRIÈRE et CARESSER UN PROJET. Par contre, *courtiser* donne maintenant un sens péjoratif au *courtisan* et à la *courtisane*. Nous disons aujourd'hui que tromper quelqu'un, c'est le *baiser*! En fait, le langage affectif évite la sclérose en évoluant selon les mœurs bien sûr et surtout en conservant son double emploi : le sens propre et le sens figuré. Une QUERELLE DE MÉNAGE est une situation où l'on ne *ménage* certes pas l'autre!

L'union fait la sauce...

Il n'y a pas si longtemps, la preuve du grand amour c'était la demande en mariage. Cette institution égale maintenant vieux jeu ou ringarde parmi les jeunes, du moins ouvertement. Associé à une pression sociale et à une cérémonie religieuse, le mot *mariage* a très vite perdu son sens neutre : l'union de la vigne à un arbre. Au Québec, on fréquente sa *blonde* ou son *chum*. On évite ainsi de dire que nous avons une amoureuse ou un amoureux, ce qui ferait démodé. Mais si nous regardons de plus près l'anglicisme *chum*, on le prononce « tcHOM » et dans ce mot on reconnaît « homme » ! Donc, la jeune femme, qu'elle le veuille ou non, sort avec « son homme ». Encore une fois, l'inconscient est supérieur aux idéologies.

La peur de la relation affective, c'est d'ordinaire la peur de LA CORDE AU COU, d'autant qu'on dit que le mariage RESSERRE LES NŒUDS. Dans notre monde bien humain, AVOIR UN FAIBLE pour quelqu'un c'est lui être lié d'une façon ou d'une autre. Tout au moins dans le langage. Nous parlons des LIENS DU MARIAGE parce que nous sommes *attachés* à l'autre. Nous en sommes É-PRIS. Puisque cet autre nous a *sub-jugués*, passé sous son joug comme les bœufs, nous voulons officialiser ce lien *con-jugal*. Joints avec une *alliance*, nous sommes devenus des *con-joints*. Joints, nous formons dorénavant un *couple* et avons le droit officiel de *copuler* et de nous *accoupler*!

Non officialisé, le lien devient une *liaison* et les deux tourtereaux sont *accotés*. Cette situation n'empêche pas l'*engagement* : nous donnons pour gage un bijou, ou une promesse solennelle qui est le vrai sens d'*épouser*. La force des serments médiévaux est conservée, même si le *promis* ou la *promise* ont été remplacés par le *fiancé*, cette personne à qui je peux me fier, en qui je peux mettre ma confiance parce qu'elle a dû ENGAGER SA PAROLE.

... et la sauce est parfois ratée

Dans notre contentement à AIMER D'AMOUR, nous avons voulu CONJUGUER LE VERBE AIMER à tous les temps. Mais le futur est une fantaisie de l'esprit. La déesse de l'amour, Vénus, a la même racine que les mots *vénérer* et *envenimer*... AFFECTION et AFFECTATION ou tromperie, sont assez proches. Les liens deviennent plus lâches et conduisent parfois l'un des deux à un RELÂCHEMENT DES MŒURS. En Amérique du Nord, le divorce est le lot de la moitié des premiers mariages et la séparation le sort de huit couples sur dix vivant en « union libre » pour la première fois. Ce qui était AIMABLE se conclut rarement à l'AMIABLE. Les verbes AIMER et HAINER deviennent presque jumeaux et AIMER et AMER sont tout à coup très proches par le son et le sens... La personne déLAISSÉE devient une personne LÉSÉE. Lésée dans son amour-propre et dans une affection maintenant sans retour, lésée dans sa colère sans répondant, dans son argent et ses biens souvent, elle a le CŒUR DÉCHIRÉ ou le CŒUR EN LAMBEAUX. Se séparer, c'est ROMPRE LES LIENS qui nous unissaient, c'est *casser* avec lui ou avec elle. On va SE RETROUVER EN MORCEAUX. Plus tard, peut-être rencontrerons-nous quelqu'un d'autre dans le même état et à deux nous allons RECOLLER LES MORCEAUX : nous aurons alors un COUPLE RECONSTITUÉ. Toutes ces expressions nous montrent bien la permanence du vieux mythe égyptien d'Osiris dont le corps démembré fut reconstruit par sa femme Isis.

*
* *

L'amour fait partie de nous. Autrement, nous recherchons notre « moitié » car nous nous sentons incomplets. Quelque part, nous voulons retourner à cet Adam originel avant qu'il se divise et se reconnaisse comme homme et femme. N'est-il pas présent dans *mADAMe* ? Nous ne voulons plus de cette division (cette lutte ?) entre les sexes et de cette alternance du désir et de la peur, de l'amour et de la haine envers l'autre. Nous voulons reprendre le contact avec cette qualité fondamentale de compréhension et de bienveillance qui fera dire à cet autre : LUI, IL EST PROFONDÉMENT HUMAIN. C'est notre nature. Nos actions « humanitaires » déborderont l'égoïsme de nos attirances. Sans avoir approfondi la *philosophie*, ou l'amour de la sagesse, nous aurons appris la sagesse de l'amour. Nos brouillons d'affection nous conduisent enfin vers L'AMOUR AVEC UN GRAND A.

Ce qu'on appelle « amour » est porteur de toutes les nuances affectives. Ce mot, qui résume une pulsion positive vers l'autre, fut d'abord associé à Dieu. *Adorer*, c'était *ad-orare*, c'est-à-dire prier. AVOIR LE BÉGUIN pour quelqu'un, c'était s'inspirer du groupe mystique des béguines. Aujourd'hui, et bien que les deux mots aient la même origine, nous préférons associer l'amour humain à la *fidélité* et l'amour divin à la *foi*. Cette fidélité à son tour sera associée à la sexualité. Pourtant, le dieu Éros symbolisait autant l'énergie cosmique que l'attirance physique. Mais peut-être propageons-nous un malentendu : dans « relation sexuelle », le mot le plus important est « relation ». Les mystiques comme Jean de la Croix ou Marie de l'Incarnation emploient volontiers un vocabulaire que l'on pourrait parfois qualifier d'érotique, et pourtant c'est de l'amour qu'ils parlent. Un seul mot, dont la substance est identique dans les autres langues, est capable de réunir tous les humains.

III

UNE ATMOSPHÈRE OBSCURE ENVELOPPE LA VILLE, AUX UNS PORTANT LA PAIX, AUX AUTRES LE SOUCI.

(Baudelaire)

Chapitre IX

L'apprenti sage

Conditionné par le langage et ses locutions, l'enfant apprend qu'il reçoit des idées d'un ailleurs incertain, que son environnement physique est créé par des principes impalpables appelés éléments et que lui-même est tributaire de la vie qui prend sa source on ne sait où. Son corps participe au monde par des sensations et ses désirs se transforment en émotions. Mais le bercement de l'enfance n'a qu'un temps et un groupe beaucoup plus large, appelé société, va prendre la relève pour former un adulte selon certaines conditions et conventions.

Tout d'abord et pour diverses raisons qui ne sont pas toutes pédagogiques, parents et institutions vont maintenant obliger l'enfant à aller à l'école. Là, on exigera qu'il apprenne à lire, à écrire et à compter. À COMPTER SUR LES AUTRES OU NE COMPTER QUE SUR SOI ? L'ambiguïté demeure lorsque nous lisons la brochure d'un établissement dont l'objectif est « un projet éducatif où le défi est offert aux jeunes, dont on explore le potentiel en fonction des nouvelles attentes dictées par une société en pleine mutation, d'obtenir l'expertise nécessaire au marché du travail par le biais de compétences transversales ». Nous avons ici un exemple de la langue administrative du domaine scolaire et nous comprenons les parents d'être un peu déroutés devant un tel jargon. Heureusement, les mots usuels entourant l'apprentissage, quand ils sont pris dans leur sens original, peuvent nous aider à voir un peu plus clair dans la démarche voulue. Examinons ici l'A.B.C. de l'instruction des jeunes avant qu'ils l'assument au complet, DE A JUSQU'À Z dans LA VRAIE VIE.

Peser ses mots

Avoir des idées n'est pas nécessairement penser. C'est à cause de cette confusion que l'expression « liberté de penser » est par elle-même un non-sens. Comme humains, nous sommes fabriqués pour penser grâce au développement de notre cortex et à des zones spécifiques du cerveau. Nous n'avons pas le choix. On devrait remplacer l'expression par la « liberté d'exprimer sa pensée ». Le but de l'école est d'aider l'élève à formuler et développer sa pensée. Pour les Anciens, *penser* (du latin *pendere*) signifiait *peser*. Un maître à penser, c'est un maître à peser : l'origine sanskrite du terme *gourou* désigne à la fois celui qui a du poids et celui qui éclaire[1]. Et qu'est-ce que l'on pèse ou soupèse, sinon le choix des mots, leur place et leur sens. Penser ou peser, c'est montrer le réel avec des ARGUMENTS DE POIDS. C'est PESER LE POUR ET LE CONTRE devant deux interprétations. C'est retenir une idée plus brillante que les autres : un *argument* ou idée « argentée ». Certains voient cela au sens littéral avec leur portefeuille en guise de « porte-idées ». TOUT BIEN PESÉ, penser conduit à la *pondération* de notre jugement. *Examiner* un phénomène, c'est le peser avec exactitude.

L'activité consciente de penser n'a pas de rapport avec la notion de certitude. Devant tous ces mots et toutes ces idées soumis à l'interrogation de la pesée, le symbole de la balance est fondamental. En latin, le terme similaire : *libra*, nous est resté dans l'action de *dé-libérer*. Mais il semble bien que l'être humain n'aime pas le doute et qu'il lui faut absolument être rassuré par une exacte vérité : le réflexe est de dire JE M'EN BALANCE pour tout ce qui nous remet en question. L'autre solution est de *ré-fléchir*, de *fléchir* devant le problème, de s'incliner devant le réel pour en repérer les lois. C'est l'attitude physique des croyants : leur GENOU-FLEXION, devant Dieu. Jusqu'au XVIIe siècle, *réfléchir* avait aussi le sens de *méditer*.

Avoir raison sans raison ?

A moins de préférer le délire, nous devons choisir et organiser toutes ces idées qui nous hantent et qui nous arrivent de tous côtés. Pour cela, nous utilisons la *raison* qui est la capacité de distinguer le vrai du faux. C'est une faculté humaine, innée en nous. La parenté est factice avec la *rationalisation*, qui est la possibilité de trouver des raisons, ou plutôt de SE trouver des

---

1. Arnaud Desjardins, *Regards sages sur un monde fou*, Paris, La Table ronde, 1997, p. 184.

raisons ! Le glissement de sens est intéressant car *raisonner* n'est plus utiliser sa raison, mais « avoir raison ». Quitte à utiliser la force physique ou matérielle… Il est de bon ton d'opposer les émotions et la raison : celle-ci est vue comme froide, sèche, mécanique, tandis que le « vécu », lui, il est humain ! On suit la séparation classique des intellectuels et des manuels, des « froids » et des « sensibles ». Face à la raison qui clarifie les faits avérés de LA réalité, plusieurs parleront de MA réalité. Pourtant, apprenons que le réel ne dépend pas d'un individu, et les connaissances acquises, ou *culture*, proviennent autant du paysan et de son savoir des semailles que du philosophe et de son savoir des concepts. À sa manière, chacun est apte à SEMER LA VÉRITÉ.

Très tôt, l'enfant reconnaît la dualité du monde, d'abord entre ses désirs et le réel, ensuite dans toutes sortes de situations où deux éléments se révèlent contradictoires et pertinents malgré tout. Avant de choisir celui-ci plutôt que tel autre, il apprendra à les évaluer et la langue nous montre bien cette difficulté avec ses nombreux synonymes : *évaluer, apprécier, considérer, distinguer, estimer, examiner, soupeser*, etc. Tout cela souligne assez la presque impossibilité d'arriver à la Vérité. L'attitude *sceptique*, c'est-à-dire qui observe et réfléchit, paraît la seule cohérente face au réel. Quel que soit le phénomène ou son interprétation, nous le disposons d'abord en OBJET D'ANALYSE afin de ne pas juger avant les faits, de ne pas *pré-juger*. Sinon le *doute* est la meilleure attitude puisqu'il consiste à voir le monde sous deux aspects contradictoires ou… complémentaires. Deux hypothèses, même bizarres, sont meilleures qu'une seule vérité fausse…

DÉMONTRER, c'est d'abord DÉMONTER le phénomène avant d'en attester la vérité partielle. De la même façon, le mot *critiquer* s'est éloigné de son sens original. Signifiant d'abord distinguer, séparer, on lui donne aujourd'hui le sens de *juger*. De plus, juger sera compris comme juger négativement. Dans un dictionnaire analogique, on dénichera près de 150 équivalents de *critiquer* dont un peu plus des trois quarts ont une connotation négative[2]. Ne nous étonnons pas d'être si souvent condamnés au lieu d'être

---

2. Daniel Delas et Danièle Delas-Demon, *Dictionnaire des idées par les mots (analogique)*, Paris, Dictionnaires Le Robert, « Les Usuels du Robert », 1987, p. 167.

expliqués et compris. Nos actions, néfastes pour certains, sont confondues avec la totalité de notre personne.

Au Moyen Âge, le décalogue chrétien était appliqué selon les circonstances, et non comme un ensemble de principes incontournables. La conduite du clergé de l'époque, du simple curé jusqu'au pape, nous le confirme facilement. Le sermon était alors un entretien, une conversation. La *morale* consistait, par définition, à suivre les mœurs du groupe, ou des institutions, et leurs règles relatives. Jusqu'au XVIIe siècle, elle est aussi vue comme une vertu qui suit les lumières de la raison. Puis on se mit à isoler les « bonnes » mœurs des autres, et la MORALE devint MORALITÉ. Le mot *immoral* pouvait apparaître, avec le sens qu'on lui connaît maintenant. Cependant, l'ancien sens d'un code de conduite propre à un groupe survit avec un mot d'origine grecque, qui a longtemps appartenu au vocabulaire de la philosophie : le mot *éthique*. Le CODE D'ÉTHIQUE est l'ensemble des règles édicté par une communauté et que doit respecter chacun de ses membres sous peine de sanctions. Nous retrouvons ici les règles de comportement prescrites par les anciennes corporations de métiers. Mais qu'importe cette différence entre les mots *éthique* ou *morale* puisque leur sens premier ne référait aucunement à une quelconque valeur personnelle.

L'utilisation de la raison est à la base de notre réflexion, dans quelque domaine que ce soit. Au contraire d'une morale culpabilisante, elle nous aide à distinguer les éléments d'un phénomène et à les mettre en ordre pour une compréhension nouvelle. Grâce à la *discussion* et au *discernement* qui contiennent tous deux l'idée de séparer, le monde est *ordonné*. Parfois, il est tellement bien rangé et compréhensible par tous qu'il en devient *ordinaire*. Ou bien il est reconstruit *avec art*, c'est-à-dire avec un ordre original. La distinction – fréquemment l'opposition – entre l'art et la science n'a pas lieu d'être, par définition !

Le sujet est en premier

L'*enfant* (latin *infans*), c'est celui qui ne parle pas d'après l'étymologie, et l'on sous-entend qu'il ne sait pas parler parce qu'il ne sait pas réfléchir.

Pour cela, on lui apprendra un code, oral puis écrit. Nous n'imaginons guère par quel formidable effort, l'enfant va associer des dessins ou lettres à des sons, puis des groupes de lettres à des syllabes pour former un sens. Enfin, nous lui apprendrons à organiser tous ces signes arbitraires en vue de lui procurer, en principe, une pensée claire et ordonnée. Il va apprendre à METTRE DE L'ORDRE DANS SES IDÉES.

De même que la pensée n'est pas un délire de concepts, la langue et sa manifestation écrite ne sont pas une suite désordonnée de mots. Nous sommes loin des longues querelles du XVIe siècle concernant l'importance et la place des différents éléments de LA phrase française, mais nous en utilisons «naturellement» les conclusions. En réalité, la syntaxe, ou les règles de la place des mots, n'est pas neutre : elle révèle notre priorité idéologique dans les concepts révélés sous les mots. Les partisans d'une nouvelle structure gagnèrent la longue dispute qui les opposait aux conservateurs de la phrase latine où l'ordre des mots est libre. En 1783, dans son *Discours sur l'universalité de la langue française*, Rivarol affirme que «Le français nomme d'abord le sujet de la phrase, ensuite le verbe qui est l'action et enfin l'objet de cette action : voilà la logique naturelle à tous les hommes»[1]. Grâce à ces catégories nécessaires au raisonnement, l'auteur termine avec sa célèbre formule : «Ce qui n'est pas clair n'est pas français.» Ces deux notions gagnées de haute lutte sur la tradition : l'ordre S-V-O de la phrase et la clarté du sens, servent toujours de base à notre apprentissage linguistique. Placer en premier le SUJET (l'essence ou la substance), puis le VERBE (l'action ou l'état), enfin le complément d'OBJET, devient le signe d'une pensée structurée et rationnelle.

Dieu et son Verbe, Adam qui donne un Nom aux animaux, la querelle à savoir qui du nom ou du verbe a la priorité, tout cela disparaît à l'ère moderne au profit d'une phrase qui explique les lois de la nature. C'est du moins l'opinion de ses défenseurs. Un nouvel ordre des mots, c'est une nouvelle présentation du monde : une re-présentation. Avec une nouvelle phrase, on obtient le modèle d'une pensée nouvelle. Cette structure de base ne sera pas

---

1. Cité dans Claude Hagège, *L'homme de paroles*, Paris, Fayard, 1985, p. 165.

remise en question par la suite. Seul changera le vocabulaire courant avec son nombre limité de mots : selon l'idéologie du moment, on enlèvera des termes pour les remplacer par d'autres, ou bien on changera officiellement le sens de quelques-uns d'entre eux.

Lire, c'est intel-lisant!

Grâce à l'imprimerie, nous sommes sortis du Moyen Âge, d'un âge où le savoir n'était accessible qu'à quelques-uns. Les livres deviennent disponibles en langue vulgaire, c'est-à-dire usuelle. Le mot *livre* est issu du latin *liber* qui désigne la couche interne de l'écorce sur laquelle on dessinait les signes, avant que l'on emploie le papyrus. Et ce mot *liber* nous fait penser spontanément à *libère* : effectivement, lire un livre nous libère du train-train quotidien et de notre ignorance sur les phénomènes qui nous préoccupent. Pensons aussi à tous les despotes qui firent interdire et brûler des livres. Dangereux pour certains, libérateur pour d'autres, le livre peut être par lui-même le signe d'une aliénation : SE LIVRER À LA LECTURE, exclusivement à la lecture, c'est vivre en quelque sorte dans un monde qui n'existe pas. COMPULSER UN LIVRE ne doit pas être confondu avec une attitude compulsive... Il s'agit de nous DÉ-LIVRER le moment venu, de ne plus nous laisser absorber par le message du livre. LIRE ENTRE LES LIGNES, c'est LIRE À LIVRE OUVERT, clairement, sans s'incliner devant le message souvent trompeur.

L'anagramme de LIRE, c'est LIER. Lire, c'est lier des dessins à des sons. C'est lier des lettres pour fabriquer des mots, c'est lier des mots pour développer une phrase et une réflexion. La même racine indoeuropéenne aboutit aux mots *lire* et *intelligence*. Nous sommes en présence de tout un réseau de signes qui s'unissent les uns aux autres par l'origine ou par le sens. *Lire* (le latin *legere*), c'est l'idée de cueillir qui s'associe à celle de distinguer et rassembler, d'où l'idée plus large de comprendre. La pensée scientifique s'organise encore autour de LA CUEILLETTE DES FAITS (ou des données) avant d'interpréter un phénomène. CUEILLIR DU REGARD, c'est s'arrêter sur un élément pour l'approfondir. CUEILLIR LES FRUITS DU SAVOIR continue la parabole d'Ève détachant le fruit de l'arbre de la connaissance (du bien et du mal).

Récolter des informations ou des faits, puis lier les éléments, c'est être INTEL-LIGENT. Ne pas voir leur lien, c'est être NÉG-LIGENT. Toujours avec la même racine, nous avons le mot SACRI-LÈGE dont le sens ancien est le vol d'objets sacrés. En vérité, c'est le savoir qui a été dérobé aux dieux jaloux qui le détenaient : le mythe gréco-romain se continue avec Adam et Ève qui ont maintenant la connaissance après avoir DÉ-LIÉ la pomme de l'arbre.

C'est appris-voisé

Les mots et concepts fondamentaux *apprendre* et *comprendre* sont basés sur la racine latine *hendere*. Elle signifie saisir physiquement (prendre) ou intellectuellement. On demande encore à l'élève s'il a *saisi* telle notion. Celui-ci peut fort bien *appréhender* un problème et *appréhender* l'examen : un sens neutre et un sens négatif pour le même mot qui nous montrent bien qu'apprendre, c'est apprivoiser une peur quelque part. Mais apprendre quoi ? Des informations, bien sûr, afin de justifier et d'alimenter la réflexion, mais surtout apprendre à poser des questions. *Questionner*, c'est partir à la quête, à la quête d'une réponse.

Ce désir de comprendre est fondamental chez l'être humain et très vite il a besoin d'un guide, d'un maître si possible : une maîtresse d'école, puis quelqu'un qui maîtrise un domaine de recherches. Celui-ci a pour tâche d'*expliquer*, donc de démêler étymologiquement parlant, ce qui est complexe ou confus. En franco-québécois on a conservé ce sens ancien quand l'élève déclare : JE SUIS TOUT MÊLÉ, pour dire qu'il n'a pas compris le lien entre les éléments. D'ailleurs, le *texte* à l'origine, c'est tout ce qui est tissé, tramé, entrelacé. On parle encore de LA TRAME D'UNE HISTOIRE pour dire l'intrigue. Si elle est bien conçue, on ne perd pas LE FIL DE LA LECTURE. On dit parfois d'une analyse que c'est UN TISSU DE MENSONGES, reprenant ainsi cette idée de « tresser » qu'exprime la racine du mot *explication*.

L'APPREN-TISSAGE est un échange. *Apprendre* veut aussi bien dire donner que recevoir : j'apprends quelque chose à quelqu'un ou j'apprends quelque chose de quelqu'un. Le préfixe « com/con » qui signifie « avec » en est le signe fondamental. Il est présent dans les verbes *com-prendre* et *con-vaincre*. Pour avoir une idée plus proche du réel, nous *con-frontons*, nous *com-parons*, nous *con-cédons* et nous *con-venons*. Ce nouveau savoir nous le partagerons, ce qui est le premier sens de *con-science*. Bref, nous allons aider l'enfant à *con-struire* sa personnalité d'adulte : assembler en plusieurs couches des matériaux que nous lui aurons fournis (le sens d'*in-struire*), grâce à des outils (des *in-struments*) dont nous aurons expliqué le maniement. *Élever* un enfant avec des paroles *édifiantes*, l'aider à *bâtir* sa réputation : nous avons ici tout un vocabulaire de constructeurs. Dans la même veine, nous avons conservé celui des tailleurs de pierres du Moyen Âge quand le jeune apprenti est MAL-POLI, qu'il est MAL DÉGROSSI. Mal équarrir sa pierre brute, c'est rester un A-BRUTI. Celui qui n'est pas intéressé à apprendre, il restera un MAL-APPRIS.

La preuve par neuve

Parce que le maître veillera sur le bien de l'enfant, il sera BIEN-VEILLANT à son égard et parce qu'il veillera sur son bien il en sera le SUR-VEILLANT. Le but est de conserver son ESPRIT EN ÉVEIL, ce qui lui donnera la base pour avoir un ESPRIT OUVERT.

Puisque le savoir est grandement relatif au contexte, il s'agit moins de dire un contenu que de montrer une méthode pour l'obtenir. L'objectivité ne conduit pas à la vérité absolue, mais à ce qui est montrable ou dé-montrable. Souvenons-nous qu'avec l'invention de la lentille à la Renaissance, l'*observable* fut confondu avec l'*objectif* de la lunette ! Malgré notre fantaisie d'expliquer une fois pour toutes un phénomène, l'objet objectif n'est jamais qu'une représentation de la pensée. La VISION DU MONDE est provisoire. Le mot le dit bien par ailleurs : l'*objectif*, c'est ce vers quoi je me dirige et non pas là où je suis arrivé. Le DEVOIR est DE VOIR, d'apprendre à voir, sans SUIVRE AVEUGLÉMENT un pseudo-gourou avec ses MILLIMAÎTRES et ses APPLAUDIMAÎTRES. Ce qui est *exact*, c'est seulement ce qui est bien pesé. Avec les paramètres et informations du moment. Le refus de demain, donc du neuf, c'est SE FERMER AUX IDÉES NOUVELLES.

Enseigner, c'est EN-SIGNER : montrer des signes et leurs relations, à partir des plus évidents grâce à nos sens jusqu'à ceux qui le sont moins, ceux que l'on va découvrir, ceux que l'on va sortir de leur enveloppe ou DÉ-VELOPPER. C'est montrer des directions, par conséquent des *méthodes*. C'est privilégier LES PREUVES (par la raison ou les sens) et L'ÉPREUVE (par l'expérience), à la simple opinion ou la seule théorie. C'est une *matière* que l'on apprend, quelque chose de matériel, quelque chose de pratique, de propre à l'action. Une mauvaise mise en pratique ? ÇA NOUS FERA UNE BONNE LEÇON que cet événement déplaisant ! Nous n'avions pas compris l'ESPRIT DE LA MATIÈRE...

Enseigner, c'est aussi RACONTER DES HISTOIRES. Le discours est lui-même narratif puisqu'on choisit certains éléments et qu'on les met en valeur avec le support d'une intrigue et les artifices du langage. Il s'agit véritablement d'*intriguer* l'élève et de lui montrer que la fin de l'histoire ou de l'explication n'est pas définitive, seulement la plus vraisemblable. La vraisemblance n'est pas l'envers, ni forcément l'égale de la vérité.

*
* *

La *pensée* et la *pesée* sont restées analogues. Nous conservons avec la *tare* l'idée du mauvais poids, du poids excédentaire de l'emballage, et de celui qui pèse mal ses mots ou ses idées, nous disons qu'il a UN ESPRIT TARÉ. Ou bien nous dirons qu'IL N'A PAS TOUTE SA RAISON parce qu'il sépare mal le vrai du faux et qu'il est alors en danger. Devenir un Être de raison, voici ma RAISON D'ÊTRE. Même si le chercheur ou le savant découvre plus de mystères que de certitudes, vient un moment où IL FAUT TRANCHER, ce qui est le vrai sens de *décider*. Parce que le savoir est relatif, on donne d'abord aux jeunes une FORMATION avant des IN-FORMATIONS ou renseignements. On forme leur esprit, on leur donne une FORME DE PENSÉE.

La LECTURE DU RÉEL est dynamique. Elle conduit à TOURNER LA PAGE à ses anciennes idées dans LE GRAND LIVRE DE LA VIE. Pour atteindre plus facilement L'ÂGE DE RAISON, le savoir est enseigné en vue d'un SAVOIR-FAIRE. Alors à son tour, l'élève deviendra un enseignant puisque dans les mots APPRENDRE et COMPRENDRE, il y a les mots PRENDRE et RENDRE : rendre ce qu'on a pris, ce qu'on a appris et compris, même si la réponse est forcément provisoire et souvent personnelle. Peut-être que devenu parent, il sera un éducateur dans le sens original du mot puisque *éduquer* c'est « conduire hors de » : conduire hors de la maison, hors de l'enfance, hors des sentiers battus ?

Soulignons toutefois que dans la plupart des anciennes écoles de philosophie, l'apprentissage intellectuel du réel s'accompagnait d'exercices physiques et d'exercices de respiration. Quand il n'était pas ABÎMÉ DANS SES PENSÉES, Socrate dansait. Le corps, l'esprit et l'âme étaient considérés comme un tout. La GYMNASTIQUE INTELLECTUELLE en forme la synthèse. AIMER UNE MATIÈRE et FAIRE LA LUMIÈRE sur un sujet nous montrent que le seul exercice de la pensée ne suffit pas. IL FAUT Y METTRE TOUT SON CŒUR pour bien comprendre, pour bien EMBRASSER LA MATIÈRE. Les signes se déploient alors en symboles et le langage devient poésie. L'enfant est devenu un APPRENTI SAGE et l'école le lieu de la CO-NAISSANCE et de l'ÉLÈV-ATION spirituelle.

Chapitre X

Le comportement géométrique

Puisque l'*adulte*, par définition, a cessé de croître, de grandir physiquement, il lui reste à s'élever, s'élever moralement ou spirituellement. L'abondance de livres de psychologie populaire nous donnant des recettes de bonheur n'arrive pas à diminuer notre souffrance. Pourtant, la mise en forme des idées, la formation de la pensée en vue de comprendre le réel, s'accompagne de formes réputées de comportement. En principe !

Notre langage a conservé cette relation entre des attitudes souhaitées et des concepts mathématiques rapportés par les philosophes grecs voilà 2 500 ans. Ces derniers ont transformé la *géométrie*, ou mesure de la Terre, en un système expliquant l'Homme dans l'univers. Les nombres et les figures de base étaient beaucoup plus que des abstractions pour l'initié Pythagore et ses disciples[1]. Constructeurs et artisans du Moyen Âge vont garder ces concepts alors qu'ils transmettent à leurs apprentis une pensée de géomètre : pas seulement l'art de la proportion, mais aussi les notions morales qui devaient l'accompagner.

Tout à fait réglo

Au Siècle des lumières, Voltaire pouvait écrire : « Il avait le jugement assez droit, avec l'esprit le plus simple ; c'est, je crois, pour cette raison qu'on le nommait Candide. » Deux siècles et demi ont passé et on ne parle plus guère de la droiture de quelqu'un. Cependant, les parents nous apprennent

---

1. Les nombres ont gardé une portée symbolique dans à peu près toutes les civilisations. Les jeux olympiques de Pékin ont été placés sous la protection du chiffre 8 qui se prononce « ba » en mandarin, à peu près comme le mot signifiant « prospérité » : les jeux furent officiellement ouverts à 8 heures 8 minutes et 8 secondes, le soir du 8ᵉ jour du 8ᵉ mois de l'année 2008.

toujours à MARCHER DROIT dans telle circonstance, à tel EN-DROIT et de telle façon. Ils nous apprennent à SE TENIR DROIT, pas seulement par la position de la colonne vertébrale, mais pareillement dans notre comportement face à la vie et ses aléas et face aux autres. La relation est immédiate entre la position droite du corps et notre façon d'être. Quand notre attitude ne convient pas, père et mère cherchent à REDRESSER notre caractère, ils cherchent à le remettre droit quand il est MAL-À-DROIT. Et quand nous faillirons gravement, on nous enfermera dans une MAISON DE REDRESSEMENT ou l'on fera appel à un REDRESSEUR DE TORTS : la police, l'armée, ou un quidam affublé du titre de sauveur. On nous aura remis dans LE DROIT CHEMIN.

Donc, si notre comportement choque telle personne ou le groupe, on voudra nous *corriger*, nous rediriger en ligne droite selon l'origine latine du mot. C'est devenir *correct*, ce qui nous amène à l'idée bien contemporaine de *rectitude*... Alors, nous devenons conformes, conformes à un modèle, à une norme de pensée et de comportements qui nous oblige à être *normaux*. Avec ce dernier mot, nous abordons une notion fondamentale dont le sens est singulièrement réduit au moralisme ambiant. Est considéré comme *normal* ce qui correspond à une moyenne, celle des éléments d'un ensemble, ou bien à une loi édictée par quelques-uns pour le bien supposé de la collectivité. Rappelons la première définition : le mot *norme* vient du latin *norma* qui signifiait proprement « équerre » et, par extension « règle ». Pensons à ÊTRE D'ÉQUERRE. Ce qui était normal dépendait de ce qui était droit, dépendait de la droiture. Mais, du fait de l'homophonie, l'association est automatique pour certains qui, maintenant, intervertissent plus ou moins consciemment les lettres du mot nORMAL pour y découvrir MORAL.

Dans l'apprentissage de la socialisation, les institutions prennent le relais des parents en utilisant, dans la grande majorité des cas, les mêmes références symboliques. Dans le *Petit Robert*, on précise que *ortho* veut dire *droit* au sens littéral et *correct* au sens figuré. En fait, les deux sens et les deux mots sont habituellement confondus : afin d'obtenir une position *droite* de la colonne vertébrale, le chiropraticien parlera de la *corriger*, de la rendre *correcte*. Ceci sans compter les appareils ORTHO-PÉDIQUES. L'ORTHO-PHONISTE, c'est la personne qui traite les troubles du langage. En principe, apprendre l'ORTHO-

GRAPHE, c'est d'abord apprendre à se tenir droit pour écrire, puis former les lettres « correctement », enfin utiliser les bonnes lettres pour le mot. Plus généralement, l'ORTHO-DOXIE est ce qui est conforme à la saine, à la vraie doctrine, par exemple celle que chacun de nous pratique !

Un concept devient une conception du monde. Sa validité dans le réel lui procure une étendue synonymique. Notre langue a plusieurs équivalents de la *droite* et l'on distingue par exemple la *perpendiculaire* de la *verticale* qui, elle, descend du sommet. Horizontale et verticale deviennent dans notre esprit les deux dimensions de la droite et de ce qu'il est droit de faire. Par exemple, *élever* un enfant signifie le lever et l'aider à marcher. Nous lui apprenons que c'est notre différence fondamentale d'avec les animaux que de rester debout, de NOUS TENIR DEBOUT devant toute situation. Être bien éduqué, c'est ÊTRE BIEN ÉLEVÉ, respectueux des autres. Le premier sens d'*instruire* comprend celui d'assembler, également celui de bâtir, de *dresser*, de tenir droit.

Droite et *règle* sont d'autres concepts facilement échangés. ÊTRE CORRECT envers quelqu'un, c'est ÊTRE RÉGLO. Toutefois, si la droiture nous laisse imaginer une verticale, la règle ou les règles semblent se rapporter à un monde horizontal, le monde physique où nous vivons. Après avoir appris à nous *diriger*, c'est-à-dire en ligne droite, dans la « bonne » *direction*, nous devons RÉGLER NOTRE CONDUITE, à moins de choisir une EXISTENCE DÉRÉGLÉE. Nous allons rédiger des *règlements* pour obliger les autres à suivre nos *règles*. Le ou la RÈGLE MENT ? Qu'importe puisque nous aurons, parfois, intérêt à MESURER NOS PAROLES. Nos RÈGLES DE VIE seront pour la plupart proposées ou imposées par un *régime* politique. Néanmoins, une RÈGLE D'OR égale une règle juste. Puisque c'est souvent RÉGLÉ COMME DU PAPIER À MUSIQUE, nous appellerons *règles* les menstruations et la femme dira « Je suis régulière » ou le contraire. Pour ce qui est de l'homme, la règle c'est être dressé droit, par conséquent l'*érection* !

Figure-toi que…

La figure du cercle demeure un concept majeur. Pour comprendre un phénomène, d'abord nous l'EN-CERCLERONS et nous *circulerons* autour, puis nous ferons LE TOUR DE LA QUESTION. Nous en ferons un TOUR D'HORIZON, qui est la limite circulaire que perçoit la vue. En réalité, on pourrait tout aussi bien parler de l'HOZI-ROND pour en imaginer plus facilement le sens. Nous devrons CIRCON-SCRIRE le sujet en traçant un cercle autour. Nous devrons CERNER LE PROBLÈME puisque *cerner* signifie former un cercle. Pensons à nos cernes sous les yeux… Nous ferons appel au CERCLE DE NOS AMIS en toutes CIRCON-STANCES et de tous les ENVI-RONDS. Nous CHERCHE-RONDS puisque *chercher*, qui vient du latin *circare*, c'est parcourir en rond, donc nous chercherons dans une ENCYCLO-PÉDIE parce qu'elle embrasse LE CERCLE DES CONNAISSANCES. Dans les trois dimensions, nous aurons des CONNAISSANCES GLOBALES et nous naviguerons dans LES HAUTES SPHÈRES de la réflexion pythagoricienne. À défaut d'y écouter leur musique (à l'opposé ?), nous resterons dans les SPHÈRES DU POUVOIR. Nous empêcherons les autres de MAL TOURNER, d'être PER-VERS ou mal verser. Alors, nous aurons le COMPAS DANS L'ŒIL pour évaluer et mesurer les actions de nos semblables. Autrement, ÇA NE TOURNE PAS ROND.

Les concepts géométriques utilisés par les Anciens étaient l'objet de longues méditations. Tandis que le cercle limite le monde ou un problème de façon dynamique, le carré le limite de façon statique et contraignante. Un patron a intérêt à ENCADRER LE PERSONNEL s'il est CARRÉ EN AFFAIRES. S'il veut poursuivre une longue *carrière*, ce n'est certes plus pour tailler des blocs de pierre carrés, mais en ARRONDISSANT LES ANGLES avec les syndicats. Auparavant, il utilisera plusieurs concepts d'Euclide qui systématisa ceux de Pythagore, en particulier la notion de plan. Comme il veut se situer AU PREMIER PLAN, il *planifiera* avant d'agir et il s'efforcera de TRACER LES LIGNES DE SON PROJET. Quittant ce monde à deux dimensions du Moyen Âge, il reprendra à son compte l'idée de l'architecte Brunelleschi pour réunir les éléments dans une perspective : une PERSPECTIVE D'AVENIR avec DIFFÉRENTS POINTS DE VUE.

Dans quelle mesure ?

Lignes et figures délimitent le monde et lui donnent un sens. Ce qui s'applique à l'univers s'applique aux humains : ce qui est en bas est comme ce qui est en haut. Cet axiome hermétique nous dit que l'univers est harmonieux, qu'il est BIEN BALANCÉ. Sa loi que nous avons déjà rencontrée, c'est celle de la balance avec l'égalité de ses deux plateaux et de ses deux forces. Cet ÉQUI-LIBRE nous conduit phonétiquement à *libre*. Et c'est en effet l'équilibre qui sera le signe de ma liberté, non le fléau qui penche d'un bord, à l'extrémité du cadran, vers l'extrême d'un VÉRITABLE FLÉAU.

Dans la géométrie classique, les figures sont harmonieuses car elles fonctionnent autour d'un centre. L'extrémisme, ce sont des figures qui ont perdu leur centre et dont les pointes s'en vont follement dans n'importe quelle direction. Elles nous indiquent qu'en étant décentrés et sans garde-fou (!) nous risquons de PERDRE L'ÉQUILIBRE. L'harmonie, c'est ce qui s'éloigne de l'excès. Elle est dans la mesure, ce qui est pleinement le sens de *modération* et de *modestie*.

*
* *

Le langage a conservé d'anciens symboles de comportement qui s'écartent de la formulation autoritaire d'une morale. Les figures sont simples : la droite, le cercle et le carré. Quant au triangle, avec la pointe en haut il signifie la trinité ou Dieu, et la pointe en bas le sexe ou le... triangle amoureux. Toutes ces figures sont équilibrées. Symétriques et centrées, elles entendent expliquer l'univers avec son exacte image : l'être humain. Debout, reliant la verticale et l'horizontale avec son ESPRIT D'ÉQUERRE, l'Homme marche dans une direction. Il se dirige, il marche droit car autrement, il est condamné à errer de par le monde, il est condamné à l'*erreur*.

Chapitre XI

Le corps et les anticorps

Notre corps est le reflet visible de nos idées et de nos comportements et à ce titre, il doit être contrôlé. Tout au moins dans le langage. Telle est l'idée de base des institutions qui nous régissent. Nombreuses pourtant sont les locutions populaires qui concernent notre physique[2] et, parmi elles, retenons celles qui associent notre aspect à notre mentalité. À la suite des Anciens, on sait maintenant notre faculté de somatiser nos frustrations[3]. Par exemple, J'EN AI PLEIN LE DOS relie la fatigue physique et l'épuisement émotionnel. Mais très souvent, on va plus loin et on attribue une signification morale à tel aspect de notre corps. De cette façon, on rétrécit singulièrement la métaphore d'un ensemble beaucoup plus vaste que la simple machine humaine.

L'esprit de corps

La définition du corps dans les dictionnaires usuels reprend la conception chrétienne. Dans le *Petit Robert* ou dans le *Petit Larousse*, on le définit comme l'organisme de l'homme ou la partie matérielle des êtres animés, par opposition à l'âme, à l'esprit. Cette dualité sera défaite dans l'image ESPRIT DE CORPS appliquée à des organismes sociaux. La société, ou certains de ses sous-groupes, est alors vue comme une organisation vivante à l'image de l'humain.

Déjà, on parle d'un organisme social, d'un organisme syndical, d'un organisme international alors que le mot *organisme* signifie l'ensemble des organes constituant un être vivant. Veut-on dire ici que des ensembles

---

2. Voir entre autres Mathias Lair, *Les bras m'en tombent. Anthologie des expressions populaires relatives au corps*, Paris, Acropole, 1990.
3. Voir le répertoire de Philippe Brenot, *Les mots du corps. Guide psychosomatique*, Paris, L'Esprit du temps, 1992.

d'humains ont une vie propre ? Une vie spécifique au groupe ? Ne nous hâtons pas de rejeter l'idée... Notre langage signale que des humains ayant des intérêts communs forment des corps spécifiques. Nous avons des CORPS D'ARMÉES, des CORPS POLICIERS ou des CORPS DE POMPIERS, un CORPS DE CLAIRONS, un CORPS DE BALLET et un CORPS DIPLOMATIQUE. S'il est une image qui trouve sa formulation juste et cohérente, littérale même, c'est bien le CORPS MÉDICAL qui s'occupe effectivement de notre corps. Dans tous les cas, le corps social, constitué de MEMBRES dont plusieurs ont LE BRAS LONG, nommera quelqu'un à sa TÊTE. Réputé intelligent, il sera appelé le CERVEAU. L'université, parce qu'elle désigne originellement le CORPS ENSEIGNANT, a forcément des facultés.

Nous avons conservé du Moyen Âge les CORPS DE MÉTIERS. Organisés en CORP-ORATIONS au XIXe, leur statut juridique de CORPS PROFESSIONNELS se rencontre à présent dans toute compagnie IN-CORPORÉE. Ces sociétés par actions – entités juridiques distinctes de ses propriétaires – sont considérées comme des PERSONNES MORALES aux yeux de la loi. Les anciennes sociétés surveillées par les compagnons sont devenues des compagnies. Dans une optique plus large encore, l'État repose pour nous sur une *constitution* avec des CORPS CONSTITUÉS et un CORPS ÉLECTORAL.

Le corps social n'est pas qu'un simple agrégat de personnalités disparates qui ont un intérêt commun. Il possède un esprit qui en assure la cohésion. Que ce soit L'ESPRIT DE FAMILLE, L'ESPRIT DE CLAN OU DE CLOCHER, il gommera les larges différences et les faiblesses de ceux qui composent le groupe. Lors d'un événement important, chacun sera À L'UNI-SSON : ce son qui unit – par exemple le slogan des supporters dans un stade ou celui d'une manifestation syndicale – sera le signal de rassemblement face à un danger. Maintenant, le groupe est UN-ANIME : il n'a plus qu'une seule âme. Il se rapproche de L'ESPRIT DE CHAPELLE des gens d'en face... Même les patrons, qui se targuent de rester pratico-pratiques en regard des contestataires forcément rêveurs, demanderont à leurs salariés de participer à L'ESPRIT D'ENTREPRISE !

Ventriloquie

La partie du corps qui représente le mieux ce que nous sommes dans nos pensées et nos désirs est le ventre. À preuve, c'est que si nous voulons connaître quelqu'un profondément, nous voulons SAVOIR CE QUE L'AUTRE A DANS LE VENTRE. Lorsque la femme PORTE L'ENFANT DANS SON SEIN, nous voulons alors signifier qu'elle le porte dans son centre, dans le centre de son ventre, dans le centre de la vie. Le centre visible, c'est le nombril ; SE REGARDER LE NOMBRIL c'est se croire LE CENTRE DU MONDE. Une idée ou une valeur avec laquelle nous orientons notre vie, C'EST VISCÉRAL tellement elle est importante. Si celle de l'autre s'oppose trop à la mienne, nous risquons d'avoir des QUERELLES INTESTINES. Alors que la tête semble fabriquer des idées, c'est dans le ventre qu'elles deviennent fondamentales. ACCOUCHER D'UNE RÉPONSE est le résultat d'une longue interrogation. CELA ME FAIT MAL AU VENTRE quand je vais à l'encontre de ce que je juge essentiel. Une forte émotion, un grand plaisir, CELA ME PREND AUX TRIPES. Un spectacle « super excitant », C'EST TRIPPANT disent les jeunes en associant le mot anglais *trip* (voyage) au mot français *tripes*. « Parler du ventre » est autorisé pour les artistes de la scène et déconseillé pour les amuseurs populaires. Quand ils eurent inventé le juron VENTRE-DIEU, on demanda vivement aux usagers de le transformer en VENTRE-BLEU, et parce que la référence religieuse restait présente, quoi de mieux que de changer la couleur en VENTRE-SAINT-GRIS... Le mot *ventre* demeurait, ainsi que la connotation religieuse. Au XIXe siècle, on dessine fréquemment les patrons d'industrie comme porteurs d'un gros ventre : on exprimait par là leur importance sociale, en plus de préciser qu'eux, ils mangeaient et beaucoup ! Par le l'image ou le mot, la métaphore de l'abdomen est intéressante car celui-ci n'est pas vu comme une simple cavité contenant des viscères.

La nubésité

L'ANCIEN ET LE NOUVEAU

Notre ambivalence envers la nudité est résolument moderne. ÊTRE EN FORME, en pleine forme, est associé à la santé plus qu'à la beauté physique. Au Moyen Âge jusqu'au début de la Renaissance, le nu était présent tout à fait naturellement dans les tableaux et dans les fresques. Il faut dire que le corps n'avait pas l'importance fondamentale qu'on lui accorde aujourd'hui. Mais on n'avait pas de complexes pour appeler des poires de forme allongée et de couleur fauve : des *cuisses-madame*. Plus subtilement, certaines images alchimiques du XVIIe montrent un couple nu avec parfois un jeu de mots implicite entre le CORPS NU et l'indice d'une CORNUE pour opérer avec la matière[1]. Dans la Genèse (3,6), Adam et Ève cousent des feuilles de figuier pour se confectionner des pagnes parce que « ils surent qu'ils étaient nus », ayant mangé de ce fruit « précieux pour agir avec clairvoyance ». Il n'empêche que les peintres persistent à les représenter nus jusqu'à l'avènement au milieu du XVIIIe du pape Clément XIII : offusqué par la nudité dans les peintures et les statues des musées pontificaux, il exigea qu'on y ajoute les caches indispensables[2]. Et qu'a-t-on choisi pour cacher les parties sexuelles des personnages ? Les feuilles de vigne. Nul doute que les peintres de l'époque avaient de l'humour puisque la vigne est à la fois un symbole positif pour un chrétien et le symbole du plaisir pour un païen avec son dieu Dionysos. Son pendant romain, Bacchus, nous a laissé les mots *bacchanale* (fête licencieuse) et *orgie* !

Ce petit détour historique est suffisant pour montrer que la conception de la nudité dépend des normes de l'époque. La même relativité s'adresse à la beauté du corps. Le moins que l'on puisse dire, c'est que les femmes de

---

1. Dans le même genre de cabale phonétique, des hôtelleries vantaient leur tranquillité en affichant le dessin d'un lion doré ou leur nom « Au lion d'or », ce qui révélait le message : ici « au lit on dort » ! (cet exemple de rébus et jeu de mots est cité dans Fulcanelli, *Les demeures philosophales – I*, Paris, Pauvert, 1979, p. 149).
2. Jean Mathieu-Rosay, *La véritable histoire des papes*, Paris, Jacques Grancher, 1991, p. 294.

Rubens et de Rembrandt dans la première moitié du XVIIᵉ ont les chairs très abondantes! Une critique d'art écrit à propos de Rubens qu'il a peint « des corps voluptueux aux courbes généreuses et aux chairs épanouies ». À l'heure actuelle, beaucoup d'entre nous les qualifieraient d'obèses. Non pas *obèses* pardon ; disons qu'ils ont quelques petits problèmes de SURCHARGE PONDÉRALE. Pourquoi l'obésité a-t-elle disparu... de notre discours ? Parce que le mot *obèse* fait penser au mot *baise* ? Alors, amusons-nous avec la nouvelle expression de la «surcharge» : ne s'appliquerait-elle pas à la personne en dessous dans la position classique que vous savez ? Conservons notre esprit tordu : les nouveaux OUTRE-MANGEURS ont-ils l'estomac aussi gonflé que des outres ? Le langage politiquement correct des bourgeois et petits-bourgeois peut produire l'inverse de l'effet voulu. Surtout en ce qui concerne le corps. À l'origine, le mot *embonpoint* était positif : EN-BON-POINT, c'est-à-dire en bon état. La conception du corps change au XVIᵉ et l'expression est alors détrônée par son envers : être MAL EN POINT. Aujourd'hui, nous employons le même mot MAL-NUTRITION pour la petite quantité ou la mauvaise qualité de nourriture ingurgitée. Parce qu'il y a maintenant autant de sur-alimentés que de sous-alimentés dans le monde ? Parlons plus clairement de « non nutrition » pour tous ceux qui meurent de faim. Ils sont « peu nourris » avant d'être « mal nourris ».

LE GROS OGRE

Obèse est la personne qui ronge, qui dévore. Nous pensons à l'ogre dont nous avions tellement peur dans notre enfance. Et OGRe est similaire à GROs. Nous ne l'imaginons certes pas efflanqué et maigrichon. Il est en forme de boule : *boulimique*, et sa compagne l'ogresse, elle est *boulotte*. Plus détestables encore et ils sont *adipeux, bouffis, empâtés, pansus, ventrus* et *ventripotents*. Un *bourrelet*, ce n'est sûrement pas beau puisque nous pensons peut-être inconsciemment à BOURRE-LAID. Que de mots dans la langue pour considérer la grosseur d'un point de vue négatif. Pourtant, les enfants qui se régalent de bandes dessinées aiment beaucoup Obélix tombé dans la marmite de potion magique, ce qui n'explique pas d'ailleurs son volume. Ils adorent le bon calife Haroun El Poussah en butte aux manigances de l'immonde grand vizir Iznogoud, chétif et malingre s'il en est. Ils préfèrent Achille Talon à sa contrepartie, le gringalet Lefuneste. En changeant le registre de vocabulaire, les bien-pensants n'ont rien contre les personnes *replètes, girondes* ou *tout en rondeurs*, ou les femmes *plantureuses, potelées* et *pulpeuses* ! Ils n'ont rien contre la cOrPULENCE puisqu'elle ressemble à l'OPULENCE. Qui aurait qualifié « le bon pape » Jean XXIII d'obèse ? Il existe un terme neutre pour nommer l'excès de poids calculé « scientifiquement » : selon des normes médicales qui réfèrent à la taille et au poids. C'est le mot *surpoids*. Est-il préférable à *bien en chair, massif, bien rempli, confortable* ? Une boutique montréalaise ne craint pas d'afficher en grosses lettres qu'elle vend des vêtements pour « tailles voluptueuses et régulières » !

L'ogre, c'est celui qui se nourrit des petits. Édulcoré, c'est Obélix : « le gros monstre » qui raffole des Romains parce que « les Romains c'est comme les huîtres : les petits sont les meilleurs ! »[3] Ou bien ce sont LES GROSSES LÉGUMES qui mangent LES PETITES GENS[4]. Le bourgeois est vu comme gros, sauf au Québec où il est GRAS-DUR, mais l'ouvrier est vu comme gras (ou gras-mou ?). Quand les ténors de l'économie parlent de DÉGRAISSER L'APPAREIL GOUVERNEMENTAL, on renvoie d'abord les simples salariés. COUPER DANS LE GRAS, c'est l'image utilisée quand on met en chômage une partie du personnel. En définitive, elle est plus crue, donc plus claire que celle de REMERCIER DES EMPLOYÉS ! Nul doute que ces derniers savaient qu'ILS ÉTAIENT À LA MERCI de l'employeur et qu'ils éviteront maintenant de le saluer puisque l'origine de *saluer*, c'est souhaiter une bonne santé à quelqu'un. De toute façon, n'est-ce pas lui qui les a *débauchés* ?

Et maintenant, si on parlait de cul ?

Dans une bibliothèque publique, on trouve plus facilement le *Dictionnaire des difficultés du français* que *Le Dico du cul*[5]. Ils sont pourtant écrits par le

---

3. Goscinny et Uderzo, *Astérix en Corse*, Paris, Dargaud, 1973, p. 10 et 12.
4. Cette distinction entre les « gras » et les « menus » se retrouve déjà au XIIIe siècle en Italie, dans la lutte entre le « popolo grasso » (ou grosso) et le « popolo minuto ».
5. Jean-Paul Colin, *Le dico du cul*, Paris, Pierre Belfond, « La Vie des mots », 1989.

même auteur (Jean-Paul Colin) et avec le même sérieux. Est-ce à dire que ce qui concerne le derrière est notre préoccupation dernière? Au Québec, nous avons une dizaine d'«Ile-aux-fesses», loin des grands centres et... des autorités.

INCONVÉNIENTS DE LA CÉLÉBRITÉ

Le mot *cul* ne fut réellement considéré comme tabou qu'au milieu du XVIIe. Auparavant, on pouvait dire à une femme qu'elle avait un beau cul sans qu'elle y voit une offense. Autrement plus obscène aurait été l'observation qu'elle avait de belles fesses! En effet, on se rappelait que *fesse* vient du latin *fissum* pour «fente»... En plus, le mot ressemble aux *fèces* qui désignaient à cette époque les excréments. Aujourd'hui, comment *se dém...*, pardon *se démener* pour dire le cul sans le dire? La technique des points de suspension reste littéraire et limitée. Il y a le procédé de l'euphémisme qui consiste à remplacer le mot par son sous-entendu dans les expressions EN AVOIR RAS-LE-BOL ou L'AVOIR DANS LE BABA. Le «bol» et le «baba» sont-ils vraiment ambigus ici? Il y a la contrainte de la prononciation où on nous avertit qu'il faut prononcer [kiasm] le mot *chiasme*! Enfin, il y a le phénomène de la contraction chez les jeunes: ce qui est *nullache* est «nul à ch...» et *fêche* est «fais ch...».

On a pu distinguer sept fonctions du mot *cul* dans le langage populaire: la partie basse et lourde d'un objet ou d'un corps, le postérieur ou fessier avec sa connotation sexuelle, la fonction fécale, la fonction anale-sexuelle, la fonction vaginale-sexuelle, les locutions équivoques (par exemple AVOIR LE FEU AU CUL) et les termes d'injure[6]. Le *Dico du cul* cité plus haut comprend trois cents articles. C'est dire la vaste polyvalence de ce mot, proportionnelle en quelque sorte à son interdit. Dans la même logique et la même région, ne nous étonnons pas que le mot *merde* soit tenu pour le mot le plus célèbre de la langue française. Son succès est bien antérieur au général Cambronne qui

---

6. Jacques Cellard et Alain Rey, *Dictionnaire du français non conventionnel*, Paris, Hachette, 1980, p. 250-254.

le prit pour juron à Waterloo. Sa famille est assez large elle aussi : soixante dérivés, allant de la *merdaille* à la *démerdouille*[7].

QUAND IL Y A DE LA GÊNE, Y'A DU PLAISIR

Parce qu'il devient tabou, le mot *cul* se retrouve transformé ou allusif, mais non pas disparu. On connaît le *culcul*, pardon le *cucu*, mille fois pardon le *tutu* des danseuses de ballet. Même si nous avons actuellement un derrière ou un postérieur au lieu d'un cul, cela ne nous empêche pas de porter une CUL-OTTE, petite ou grande, et de dire à la personne qui nous importune qu'elle a du CUL-OT. Peut-être ira-t-on jusqu'à la BOUS-CULER ou lui pousser le cul. Si elle est plus forte que nous, notre intérêt est de RE-CULER ou présenter son cul de l'autre côté. Battre son cul contre terre c'est BAS-CULER et pousser le cul ou le renverser c'est CUL-BUTER. Bref, les exemples ne manquent pas où *cul* est le radical de plusieurs néologismes et le terme central de plusieurs expressions pas encore É-CULÉES. Le CUL-DE-SAC a beau devenir une *impasse*, le *tapecul* est demeuré populaire au point d'avoir cinq sens complètement différents dans *Le Robert*. À la plage, le BRAIZE-CUL et le BAIN DE SOLEIL semblent réservés à des classes sociales opposées !

Pour rester dans le domaine, une *flatuosité*, un *pet*, un *prout*, un *vent*, une *vesse* ont en commun d'être un gaz intestinal s'échappant de l'anus, et comme différence surtout le statut de la personne qui en parle. *Péter* est le verbe couramment employé ; il permet aussi le plus de créativité. Il a donné nombre de dérivés et de locutions du genre PÉTER PLUS HAUT QUE SON CUL OU PÉTER DANS LA SOIE, ou encore plus fréquemment SE PÉTER LA GUEULE. Grâce à lui, nous avons le droit d'ÊTRE EN PÉTARD et de ROUS-PÉTER. Avec une série de pets en rafale, voilà que notre moto *pétarade*. Mais encore, et ceci prouve une autre fois que les mots ne figent pas la morale par eux-mêmes, ce sont les yeux ou le champagne qui peuvent PÉT-ILLER… On ne se

---

7. Pierre Guiraud, *Les gros mots*, Paris, Presses universitaires de France, « Que sais-je ? » no 1597, p. 94-99 et 113-117.

formalise pas non plus des *pets-de-nonne* qui sont des beignets, à condition pourrait-on dire que leur digestion ne se termine pas en CACASTROPHE !

*
* *

Les Anciens croyaient que le corps était plus qu'une simple matière et que de lui émanait une âme. Quand ils personnifiaient un astre, ils lui attribuaient un esprit particulier, donc une influence sur les humains qui recevaient son rayonnement. Les CORPS CÉLESTES sont des corps spirituels, telle était la base des anciens systèmes magiques et astrologiques. Ce caractère sacré du corps, nous l'avons conservé pour nommer la partie inférieure de la colonne vertébrale, ou *sacrum*, qui est l'os formé par la réunion des cinq VERTÈBRES SACRÉES. Plus globalement, une réunion d'individus aux préoccupations communes était vue comme un seul être auquel on attribuait un pouvoir créateur : de lui émanait cet ESPRIT DE GROUPE, ou égrégore, qui dirigeait à son tour chacun des adhérents.

Le corps reste pour nous un puissant déclencheur d'images : images de rhétorique et images culturelles. Un nouvel enseignement, celui de Écoute-ton-corps, dit à la personne préoccupée de sa grosseur : « Tu manges tes émotions ». Elle reprend l'idée d'une correspondance entre nos trois corps : spirituel, mental et physique. Cette pensée veut contester la rigidité de l'actuel système médical et pourtant, c'est elle qui est à l'affût d'un vocabulaire « politiquement correct ». Ce qu'on appelle le langage cru ou langage vulgaire est affaire de conventions et de préjugés. Tout ce qui concerne les sécrétions, déjections et excrétions du corps est péjoratif dans notre langue, mais c'est assez récent. Le pisse-en-lit nous est resté grâce à la vertu diurétique de cette plante. Vomitoires et crachoirs ont disparu de nos mœurs, tandis que les fontaines jaculatoires nous font toujours fantasmer. Ce que le corps élimine, la langue doit l'éliminer de son registre ; les mots devenus grossiers sont remplacés par des mots savants. Pourtant, dans les dictionnaires spécialisés, les locutions et expressions imagées contenant le mot *cul* sont aussi nombreuses que celles contenant le mot *cœur*[8]. Les PISSE-FROID n'empêcheront jamais ceux qui apprennent le français de se délecter de l'argot et des mots « défendus » parce que c'est une langue truCULente !

---

8. Voir le très complet *Bouquet des expressions imagées* de Claude Duneton et Sylvie Claval (Paris, Seuil, 1990, p. 1034-1036).

Chapitre XII

Le pinceau et la coquille

Les tabous du corps concernent les fesses et le sexe, tous deux parfois confondus dans le mot *cul*. Le langage familier nous montre que la tentative de l'Église catholique d'associer le plaisir sexuel au péché n'a pas réussi, tout au moins pour la grande majorité des gens. Simplement ce genre d'activité, qui est autorisé comme fonction de reproduction dans le cadre matrimonial et réprimé en dehors, se fit plus discret dans le langage qui devint allusif et métaphorique. Associés au langage vulgaire et aux « gros mots », les mots « défendus » ont continué d'être très vivants, sinon à se multiplier, à l'ombre des chaumières et de petits groupes se réclamant de l'argot. Encore au XVIIe siècle, le mot *poitrine* paraissait « deshonnête » pour les dames qui lui préféraient *estomac :* il est maintenant assez banal. Le tabou a sa contrepartie : c'est l'idée et le plaisir de sa transgression, ce dont témoigne le formidable réservoir de termes et expressions dans notre langue. Le langage usuel, celui que nous utilisons dans une conversation, requiert 6 à 7 000 mots au maximum et nous avons à notre disposition le même nombre, soit 7 000 mots et locutions pour parler de ce qui est défendu, c'est-à-dire de sexe !

Le mot *sexe*, tellement commun, est pourtant d'étymologie obscure. On lui suppose l'origine latine de *ses* pour séparer, partager une espèce végétale en mâle et femelle. Le mot *sexualité* est, quant à lui, d'origine moderne : il date du début du XIXe siècle. Mais cela a peu d'importance. Dans un dictionnaire érotique assez récent, on relève 600 mots pour définir le sexe de l'homme (comprenant pénis et testicule) et 600 autres mots (comprenant vagin, vulve, clitoris et sein) pour définir le sexe de la femme[9]. S'il est un

---

9. Pierre Guiraud, *Dictionnaire érotique*, Paris, Payot, « Petite bibliothèque Payot », 1993, 639 p. Rééd. 1978. D'autres termes et expressions encore plus récents sont proposés

domaine où l'égalité des sexes est réalisée, c'est bien là! Le même dictionnaire déniche au moins 1 300 mots et locutions pour définir le coït. Évidemment, la liste n'est ni complète ni définitive. Que serait-ce si on voulait regarder la langue verte ou gauloise, polissonne ou grivoise, crue ou salée, de certains écrivains? Si nous prenons l'exemple de San-Antonio, son vocabulaire érotique se compose de plus de 2 000 termes et expressions originaux en plus des 1 000 images, presque toutes inédites, qui définissent les positions amoureuses...[10]

Au fait, qu'est-ce que l'*éjaculation*? Comme nos religieux le savent, c'est une prière brève et fervente qui part du cœur. Nous autres, profanes, nous savons qu'il n'y a pas que l'âme qui est capable de s'élancer vers le ciel... Le même mot serait-il approprié dans tel domaine et non dans tel autre? La problématique des niveaux de langue s'applique particulièrement bien dans le domaine sexuel. Il y a le haut langage et le bas langage. Celui-ci est souvent vu comme le langage du bas, celui du bas du corps. C'est le langage du ventre, du bas du ventre, celui du bas-ventre. À la vérité, entre le COÏTUS INTERRUPTUS, le RETRAIT PRÉVENTIF, SAUTER EN MARCHE et ARROSER LE PERSIL, il n'y a de différences que sociales et elles sont très marquées. À l'aide de quelques exemples, nous verrons que la langue peut être particulièrement imagée, créative et joyeuse quand il s'agit de parler du plaisir.

Le sexe appelle

Les jeux de mots de notre enfance furent souvent des jeux libidinaux.

RESTONS JEUNES
Combien les *sans-culottes* de la Révolution nous ont fait rire sur les bancs d'école, malgré tous les efforts du maître pour expliquer la différence entre

---

dans le *Florilège des mots de l'amour* de Pierre Merla (Paris, Plon, «La Grande Ourse», 2000).
10. Serge le Doran, Frédéric Pelloud et Philippe Rosé, *Dictionnaire San-Antonio*, Paris, Fleuve Noir, 1993.

la braie des paysans et la culotte des nobles. Nous avons cherché dans le *Petit Larousse* où se situait le lac *Titicaca*, bien plus que tous les autres lacs au monde. Que dire du perroquet *cacatoès* et de son joli plumage? Quant à la *pisciculture*, heureusement que l'on ne nous demandait pas de l'orthographier, sinon les alevins auraient été sérieusement pollués par l'urine! Et nous avions tort de croire à une erreur à propos de la *pénis-cilline*: cet antibiotique fut effectivement mis au point pour guérir notre «pinceau» des maladies vénériennes, d'où son nom *pénicilline*. Tous ces exemples sont la preuve, dit-on, de notre gêne enfantine devant les activités d'excrétion et de génération. Pourquoi ne pas y voir une intégration du plaisir et de son tabou? Le plaisir du jeu de mots est associé et renforcé par l'appropriation du vocabulaire érotico-génital réservé aux parents. Adultes, nous resterons à l'affût du calembour sexuel.

LE Q DE LA QUEUE ET LE S DE...
Pour un homme, rien n'est plus proche du cul que la queue! Ceci est une phrase à double sens bien sûr, voire à triple sens ou quadruple selon notre imagination. La *queue* est l'appendice qui prolonge la colonne vertébrale de nombreux mammifères: il est aussi l'appendice du mâle humain... C'est surtout dans son écriture et la prononciation de la première lettre qu'elle présente pour nous toute son expressivité. Entre *KEUE* et *QUEUE*, ou bien *keue* et *queue*, il y a tout un monde: celui de la queue du **Q**! La prononciation est semblable, mais non la graphie de l'initiale. Ce rond avec son appendice ou son jambage a inspiré nombre de poètes. Au début du XVIe, Geoffroy Tory ne craint pas d'avancer que le **Q** sort de sa ligne afin de rejoindre «son compaignon et bon frère V & lui montrer qu'il le désire toujours après soi, il le va embrasser de sa queue par dessous»[11]. Victor Hugo note que «Q, c'est la croupe avec sa queue» quand il écrit ses impressions

---

11. cité dans Massin, *La lettre et l'image*, Paris, Gallimard, 1973, p. 33.

sur l'alphabet en 1839[12]. Puisque sa prononciation identifie la lettre **Q** au derrière de l'humain, on a parfois voulu la faire prononcer [k] (que) par les écoliers, mais peine perdue ! Le mot qui est d'origine latine (*cauda*), s'écrivit de différentes façons au cours de l'histoire : *cue, coe, keue*. Cependant, il se fixa très vite en *queue* et sa graphie n'a plus bougé depuis le début du XIIIe siècle. Les lettres **C** ou **K** évoquant pourtant le même son, ne pouvaient convenir... Le **Q** est parfait dans son expressivité.

La lettre **S** est plus allusive en quelque sorte, mais tout autant connotée. Le serpent qui se « love » autour d'Ève pour l'induire (l'introduire ?) en tentation est assez clair : la connaissance du bien et du mal sera d'abord celle du sexe. Oui, celle du **S**exe qui est justement signée à l'initiale par le même **S** du **S**erpent. Si nous l'écrivons comme il se prononce réellement, le « sèk**ss** » prend les **s** du sifflement prétendu de notre reptile. Avec ce **S**, Ève et Adam se découvrent tout à coup nus l'un devant l'autre. Sans ce **S** de (S) EX-E, nous nous transformons devant notre EX-E : nous ne lui accordons plus notre nudité et la suite...

Mission impossible

Le langage sexuel est relié fondamentalement à nos fantasmes et nos émotions : par conséquent, peut-on le changer fondamentalement ?
VA TE FAIRE...
Même si on enlève la connotation sexuelle de certains termes, quitte à en retirer plusieurs du lexique usuel, l'allusion n'a pas disparu. Le verbe *fourrer* en est un bel exemple. « Introduire dans un fourreau » a de quoi plaire à notre inconscient... Pourtant, le même radical a produit la *fourrure* et le *fourré* de broussailles qui sont relativement neutres... si on ne réfléchit pas trop ! Alors, par quoi le remplacer ? Sûrement pas par le verbe *foutre* qui lui ressemble étrangement par le son. D'origine inconnue, ce mot prit tout de suite un sens sexuel et il était encore « tabou » voilà un siècle : l'expression VA TE FAIRE FOUTRE restait donc très expressive et plutôt dangereuse à dire.

---

12. Pierre Guiraud systématise le lexique de la création dans sa *Sémiologie de la sexualité*, Paris, Payot, 1978, p. 44-45.

Employé plus fréquemment, le mot a perdu de sa force, sans empêcher sa présence insidieuse dans d'autres expressions. On dira de quelqu'un qu'il est BIEN (OU MAL) FOUTU. Ne se soucier de rien, c'est du JE-M'EN-FOUTISME. Pour se moquer encore plus des *fadaises* de quelqu'un, on ajoutera une pincée de «foutu» pour que cela devienne de la *foutaise*. Comme on s'aperçoit vite que *foutu* est un proche parent de *foutre*, on a voulu remplacer ce verbe par *ficher*. Or VA TE FAIRE FICHE! ne perd pas son allusion première puisque *ficher* veut dire enfoncer, faire pénétrer... Pensons à «ficher un piquet en terre». L'interjection *Fichtre!*, si elle n'est plus guère employée, reste un bel exemple de la permanence du sens sexuel quand on veut le voir disparaître : *fichtre* est la synthèse de *ficher* et de *foutre*. Aujourd'hui, une *foutaise* est devenue une chose sans intérêt, mais les jeunes réintroduisent autrement les mots défendus : ils parleront parfois d'un *fast-foutre* pour la masturbation ou l'éjaculation précoce.

LES ÉROS DE NOTRE TEMPS

Cette permanence de l'évocation sexuelle de certains mots peut être très subtile. Le beau *héros* de nos romans ou de nos films est relié à l'*éros*, qu'on le veuille ou non. Les deux mots sont similaires, à la fois par le son et par le sens. Voilà plus de 2 000 ans, Platon faisait dire à Socrate que «une petite déformation du nom manifeste que c'est de l'amour, *érôs*, que les Héros tirent leur origine»[1]. Plus tard, Éros devient le dieu latin de l'amour et, plus tard encore, on lui invente des parents : Vénus et Mars. Transformé en Cupidon, c'est lui qui donne l'exemple à l'homme pour qu'IL BANDE (son arc) dans le but de TIRER UN COUP (avec sa flèche). La cohérence est importante dans notre imagerie sémantique : EROS a la peau nue et bien ROSE, tout comme son cousin CULpidon aux fesses nues et joufflues, tout comme leur mère vENUs qui est NUE. La correspondante féminine de notre héros-éros, notre belle *héroïne*, a une fougue (amoureuse?) qui ressemble tellement à l'exaltation produite par une certaine substance que celle-ci lui empruntera

---

1. Platon, *op. cit.*, p. 632-633.

son nom. Nos héros, mâles et femelles, sont des séducteurs... Ce n'est pas notre premier couple Adam et Ève qui va les contredire, même si chacun porte une feuille de vigne qui cache l'essentiel : la dialectique érotique du caché et du montré est alors magnifiée dans notre imaginaire...

CECI EST UNE PIPE !

Pourquoi les tentatives récentes de parler « naturellement » de la sexualité s'accompagnent-elles d'un vocabulaire technique ? Prenons l'exemple du *coït buccal* et de ses équivalents langagiers. L'expression est employée dans un cabinet de médecin ou de sexologue pour parler gravement et dignement de la chose... Plus solennelles encore seront les *caresses bucco-génitales*, les *relations oralo-génitales* (*oro-génital* est moins évident !) ou encore l'*amour oral*. Pourquoi ne parle-t-on pas de relations BUCCOÏTALES ? Serait-ce possible de discuter tout aussi sérieusement avec le spécialiste de la meilleure façon d'AIMER LA MARÉE ou de SOUFFLER DANS LE MIRLITON ? Pourtant, le discours complice et drôle possède une vertu thérapeutique. La *fellation*, c'est bien plus sérieux qu'on ne pense puisqu'on lui forgera une racine latinisée : *fellatio*, laquelle sera de bon ton dans les revues à la mode. De même, le *cunnilinctus* est remplacé par le soi-disant savant *cunniLINGtus* afin que l'on ne se trompe pas sur cette activité de la *ling*... Et si ce n'est pas encore clair pour le lecteur, on écrira : *cunniLINGUS* ! La langue populaire n'a pas ce souci de la précision ou de la neutralité. Au plaisir sexuel correspondent des expressions plaisantes. On connaît les expressions familières : FAIRE MINETTE et FAIRE UNE PIPE. Un peu poètes (plus gênés ?), nous dirons : FAIRE UNE GÂTERIE ou FAIRE UNE GOURMANDISE. Lorsque l'activité est réciproque, les expressions ne manquent pas : FAIRE BOUT-CI–BOUT-LÀ, FAIRE MINON-MINETTE, FAIRE TÊTE-BÊCHE, SE GLOTTINER, SE LANGUEYER. Pour sa part SE GAMAHUCHER, qui dans le sens propre est passer du son aigu (gama) au son grave (ut), semble avoir perdu de sa popularité. Mais qu'importent tous ces euphémismes, périphrases et niveaux de langue : le **69** l'emporte haut la main pour définir et décrire cette occupation. Bien mieux que le *soixante-neuf* en toutes lettres, nous visualisons aussitôt les chiffres et leur image dans le contexte. Et si nous voulons être plus précis encore, employons donc le symbole horizontal du Cancer : le a.

La machine génitale

Comment décrire les organes sexuels sans prendre le risque de choquer ? Ou bien on parlera du bas-ventre, ou bien on emploiera la solution médicale et ses termes savants. Il y a la solution généraliste avec l'emploi de termes au sens vague référant en même temps à d'autres domaines. Les *parties* peuvent désigner en fait toute partie du corps. C'est le cas de l'APPAREIL GÉNITAL, une expression assez récente qui permet de ne rien préciser avec le mot *appareil*. DANS LE PLUS SIMPLE APPAREIL : on sait que la personne est nue, un point c'est tout. On dit aussi les ORGANES GÉNITAUX ou les PARTIES GÉNITALES. Lorsque nous parlons de ces fameux organes, montre-t-on ceux de la génération ou ceux du plaisir ?

CET OBSCUR OBJET DU PLAISIR

Les symboles sont supérieurs à nos idéologies contingentes. Qui n'a pas contemplé une orchidée dont la fleur évoque le sexe féminin ? Regardons sa forme extérieure avant l'éclosion, son bulbe ou sa racine, et nous penserons comme les Grecs à *l'orkhis*, c'est-à-dire au testicule, d'où le nom de la plante *orchidée*. Désignant autrefois toute glande génitale, le *testicule* reprend particulièrement son sens latin de « témoin » chez les mâles puisqu'il devient le témoin de leur virilité... On l'a comparé à un petit sac de cuir (*culleus*) à l'origine du mot *couille*. Aujourd'hui encore, l'analogie nous est restée puisqu'on les appelle les *bourses*.

En regard des PARTIES HONTEUSES qu'est le sexe masculin – selon saint Augustin –, il y a le SERVICE TROIS PIÈCES de la langue familière et les BIJOUX DE FAMILLE remis à l'honneur par San-Antonio. Le savant *pénis*, qui est passé dans le domaine artistique avec son dérivé *pinceau*, est d'un emploi assez récent. On lui préférait et on lui préfère encore le mot *queue*. Mais qu'il y ait la moindre relation dans notre esprit entre queue et phallus, et nous corrigerons FAIRE LA QUEUE par FAIRE LA FILE! La JAMBE DU MILIEU a beaucoup plus de synonymes et d'équivalents populaires que les *joyeuses*. Il faut dire que la signification de ces dernières est le plus souvent négative. Même si, à la Renaissance, Rabelais a glorifié en quelque sorte les *couillons* grâce à toute une longue tirade de Panurge à leur sujet[2], il n'empêche que ce mot désigne quelqu'un de sot. C'EST DE LA COUILLE EN BARRE s'oppose à C'EST DE L'OR EN BARRE. Ce qui ne vaut rien, c'est de la *couillonnade*.

L'interprétation négative s'applique pareillement au sexe féminin, notamment ce qui touche le *con*. Employé de façon neutre au Moyen Âge, tout comme le *vit* masculin, il désigne le sexe de la femme. Pourtant, son origine reste indéfinie, mais il fut facilement associé, par le son et l'image à la *conque*, cette grande coquille de certains mollusques bivalves marins. Quand le peintre Botticelli représente à la fin du XVe siècle Vénus dressée sur un large coquillage, il montre des correspondances évidentes pour l'époque. D'ailleurs, ce nom de *vénus* est toujours celui d'une espèce de conque. Pourquoi ce mot *con* devint-il franchement négatif à partir du XVIIe siècle? Parce que depuis trop longtemps on l'associait au *conin* ou *conil* qui désignait alors le lapin, un animal à la libido surdéveloppée... Remarquons que, au féminin, *lapin* donne *lapine* ou *la pine*, ce qui prouverait encore une fois l'obsession sexuelle de notre mammifère! Le *vagin* quant à lui ressemble à une *gaine* dont il a tiré son nom et, par association avec la forme d'une gousse, il est à son tour à l'origine de la *vanille*. Pensait-on aux recettes d'aphrodisiaques qui recommandent cette épice? Appelé entre autres dans le langage familier : la SALLE DES FÊTES ou l'EMPIRE DU MILIEU, le sexe féminin a fourni maintes images positives. Au XVIIe siècle, LE BEAU SEXE désignait la femme en général.

LE SEXE À PILES

A-t-il fallu attendre la modernité de la pile électrique pour attester l'existence des vibrateurs? Sous leur forme vibrante oui, de même que nos fabuleuses

---

2. Rabelais, *Le Tiers livre* (chapitre XXVI).

poupées gonflables. Jadis, on ne voyait pas le besoin de les cacher sous diverses dénominations, comme les *vibromasseurs personnels* (sic) de nos catalogues de grands magasins. *Olisbos* est un vieux terme grec pour le pénis artificiel. À la Renaissance, le terme *godemiché* paraît l'emporter, mais quelle est donc son origine exacte ? On le dit issu de l'espagnol *gaudameci* ou cuir de Gadames, alors que le second élément du mot : «dame», se montre pour nous bien révélateur... Ne versons pas dans l'exclusivité de cette ville arabe puisqu'une autre origine de *godemiché* pourrait signifier le «gode à Miché». Miché est une variante de Michel et l'un des personnages portés sur la chose (sur les *miches*) d'après le folklore. Puisque l'origine sémantique de ce phallus postiche semble problématique, pourquoi ne pas conserver une de ses premières explications qui serait le latin *gaude mihi* signifiant «réjouis-moi». Dans le douteux, choisissons l'expressif et un *réjouis-moi* a l'air bien plus amusant et efficace qu'un *caveçon* ou une *muselière* fournies avec la ceinture. Encore là, rien n'est sûr, car il pourrait être détrôné par le joli CYLINDRE CONSOLATEUR. La langue familière s'enrichit des tabous.

Dis-moi qui tu fréquentes et je te dirai...

Parler de son vécu est toujours à la mode : il y avait les confesseurs et il y a maintenant les thérapeutes. L'objectif semble le même : à CON-FESSE je parle de mes problèmes de fesses et en thérapie de mon V-CUL. Au XIXe, on parlait déjà des *psyculogues*[3]. Ces jeux de mots ne sont pas plus tordus en définitive que l'exigence au Moyen Âge d'une description très détaillée de nos péchés, durant la confession. Les préoccupations «intimes» concernent le plus souvent la sexualité, ce que l'on traduira parfois par «des histoires de cul» pour en montrer la futilité. Dans ce domaine toutefois, les mots ne font pas de cadeau : ce que l'on dit sans trop le savoir ou le vouloir révèle nos préoccupations.

---

3. Le mot est d'Edmond de Goncourt et il est cité dans Maurice Rheims, *Dictionnaire des mots sauvages (écrivains des XIXe et XXe siècles)*, Paris, Larousse, 1989, p. 260.

DES JEUX PLUS OU MOINS CATHOLIQUES

Coïter, c'est faire l'amour, bref c'est baiser! En langage plus imagé, c'est AMENER LE PETIT AU CIRQUE. Dans un parler plus classique, c'est s'offrir une PARTIE DE JAMBES EN L'AIR. Parmi les nombreuses locutions exprimant le *baisodrome*, relevons l'étonnant BAISER EN ÉPICIER que l'on peut traduire par BAISER À LA PAPA ou la réputée POSITION DU MISSIONNAIRE. Ce dernier exemple nous montre bien que les interdits religieux à propos du plaisir sexuel se retournaient, dans la langue familière, contre leurs auteurs. *Coïter* devient METTRE LE PAPE DANS ROME ou DIRE SON INTROÏT alors que l'introït est la prière introduisant la grand-messe. BANDÉ COMME UN CARME (religieux de l'ordre du Carmel), le BÂTON PASTORAL convient au BÉNITIER avec la promesse en finale de VOIR LES ANGES. Une fellation devient l'EXTRÊME-ONCTION DU PÈRE FRANÇOIS et le cunnilinctus PRENDRE L'HOSTIE À LA CHAPELLE. Il n'est pas interdit non plus de COMMUNIER SOUS LES DEUX ESPÈCES... Si l'on aime la solitude, il y a la solution pour les hommes de LA BATAILLE DES JÉSUITES ou de sonner le tocsin. C'est quand même mieux que d'ATTRAPER UN RHUME ECCLÉSIASTIQUE (la blennorragie)[4]!

Se jouer des institutions religieuses et politiques, c'est se réjouir... JOUIR et JOUER: les deux mots sont trop proches pour n'y voir qu'une coïncidence sans importance. D'origines différentes, ils forment pourtant un couple indissociable dans notre langue. Pierre Guiraud a relevé, dans la langue érotique, quarante-six expressions fabriquées à partir de «jouer», dont les classiques JOUER À TOUCHE-PIPI ou JOUER À LA BÊTE À DEUX DOS. La *jouissance* c'est en quelque sorte la JOIE DES SENS; dans le réel c'est bien JOUER DES SENS. Mais, dans notre système économico-politique, il est mieux vu de «jouir d'un bien» que de «bien jouir»! De même il est permis de «jouer le bien» des autres, témoin les actions et investissements, sans trop savoir «bien le jouer», témoin la faillite... de l'autre.

---

4. Tous les exemples de ce paragraphe sont tirés du livre de Pierre Guiraud déjà cité.

ENCORE UN CONGRÈS!

Lorsque l'épouse, ou l'époux, s'inquiète de savoir qui accompagnera le conjoint à ce fameux congrès très important, elle n'a pas tout à fait tort! Jusqu'au XVIIe siècle, le *congrès* c'est tout simplement l'union sexuelle. C'était aussi une ancienne épreuve où le mari devait prouver devant une matrone que l'accusation d'impuissance proférée par sa femme pour annuler le mariage, n'avait pas de raison d'être. Ou bien on devait prouver l'adultère. Peut-être serions-nous plus proches de la vérité en écrivant ADULTAIRE pour signifier que l'on adule le merveilleux amant ou la fabuleuse maîtresse à condition de taire l'affreux mari ou épouse. Le délit d'adultère, une expression consacrée, se comprend mieux quand il s'écrit le dé-LIT! Un BAISE-EN-VILLE est plus proche de la vérité qu'une petite valise avec «juste ce qu'il faut pour rencontrer ces gens-là...» Avec un partenaire aux IDÉES LARGES, on ajoutera que l'on s'en va FESSE-TOYER! Il n'est guère de limite aux jeux de mots dans ce domaine.

La valeur donnée au cocuage est affaire de convention. Désignant d'abord le prédateur, *cocu* a par la suite désigné la victime. On lui suppose un ancêtre volatil et volage, le *coucou*, qui ne vit pas en couple et dont la femelle dépose ses œufs dans un autre nid afin qu'ils soient couvés et les oisillons nourris par d'autres. Elle a aussi l'habitude de ne pas aimer les habitudes et de changer aisément de compagnon. Son cri prétendu: coucou, fut donc facilement adopté par les conjoints en peine et ramené à plus de réalisme avec CO-CUL!

LES BAS-FONDS DU BAS-VENTRE

La sexualité est autant liée à l'économie qu'à l'amour. De bons citoyens voudraient que le revenu généré par un RAPPORT SEXUEL soit inclus dans un RAPPORT D'IMPÔT. C'était l'un des avantages des MAISONS DE TOLÉRANCE: le contrôle sanitaire s'accompagnait du contrôle économique. Elles furent interdites en 1946 et cette même année, on obligea Sartre à changer le titre de l'une de ses pièces: l'auteur dut s'incliner afin que *La P... respectueuse* fût jouée. Le COMMERCE CHARNEL retournait dans la rue et les prostituées FAISAIENT LE TROTTOIR une nouvelle fois. Elles continuaient ainsi la tradition issue d'un philosophe grec. En effet, Aristote et ses disciples aimaient se promener en discutant, d'où leur nom de «promeneurs» ou *péripatéticiens*: ceux qui vont et viennent, ceux qui marchent autour.

Le «commerce de Vénus» peut provoquer des maladies tellement «honteuses» qu'elles ne bénéficient pas d'un mot complet comme jadis les blennorragies et gonorrhées: des mots bizarres pour des «affections» discrètes! Nos maladies sont maintenant réduites à un mince assemblage de lettres sous forme de sigles ou d'acronymes. Ce procédé voile le tabou, mais le voile est transparent. Une *MTS*, c'est quand même mieux qu'une chaude-pisse! Une *hépatite B* peut s'attraper durant un voyage, et c'est vrai! Le *VIH* provoque le *sida*. Reformons cette dernière phrase avec les mots complets: le **v**irus de l'**i**mmunodéficience **h**umaine provoque le **s**yndrome **i**mmuno**d**éficitaire **a**cquis. Quel jargon! Plus clairement on pourrait dire: le baisage sans capote peut donner une saloperie qui est très souvent mortelle. Ou encore: la fidélité sexuelle est une question de survie! Imaginons l'Organisation mondiale de la santé en train de promouvoir ce dernier slogan…

UN MONDE CAPOTÉ

Pour éviter radicalement les maladies, on peut JOUER À CINQ CONTRE UN ou JOUER DE LA MANDOLINE. Si l'on refuse la masturbation et que l'on préfère jouer à deux, il y a la ressource des préservatifs. La *capote anglaise* est utilisée en France tandis que la *French letter* (la lettre française) est utilisée en Angleterre et le *guanti di Pariggi* (le gant de Paris) en Italie. C'est le voisin, l'étranger, qui est forcément l'inventeur de ce produit… Les jeunes Français vont plutôt dire: un *présa*, un *capuchon*, un *faux nez*. Depuis quelques années, c'est un autre mot, d'origine anglaise celui-là, qui est bien vu: il est à l'origine du succès de la ville de *Condom*, la «petite capitale de l'Armagnac» située au bord de la rivière de la Baïse (avec un tréma sur le **i** s'il vous plaît). D'ailleurs, son panneau d'entrée de ville est régulièrement volé par des touristes anglophones!

*
* *

Conservateur d'un certain savoir et créateur de nouvelles formes, le langage érotique participe pleinement à la langue des oiseaux. Avec tous ses clins d'œil et toutes ses images, il résiste à toute contrainte par son foisonnement. Rien de ce qui concerne la sexualité n'échappe à la langue populaire. S'il fallait prouver l'inefficacité des groupes à imposer longtemps un sens aux mots, c'est bien ce domaine qu'il faudrait choisir. La pruderie que l'on prête aux générations antérieures ne se rencontre pas dans les expressions courantes. Assurément, nous y retrouvons le procédé de l'allusion, mais peut-être faut-il y voir le plaisir verbal plus que la force de l'interdit. Que ce soit la description détaillée de l'appareil génital jusqu'aux différentes postures, en passant par la séduction et la description précise de l'acte lui-même et des façons de l'accomplir, tout y est présent grâce à un vocabulaire le plus souvent imagé. Une trop forte contrainte des institutions s'accompagne d'une effervescence du langage : les insultes, jurons et sacres se nourrissent du langage obligatoire en s'y opposant, tandis que les contes et les histoires « cochonnes » s'appuient sur des personnages dominants dont on se moque en les « castrant ».

Ce serait vraiment tout un monde si une langue référant aux organes de la génération n'était pas une langue vivante ! La langue familière décrit la sexualité sous une DÉBAUCHE DE MOTS. Étonnante – tout en ne l'étant pas – la pauvreté linguistique des sexologues dans leurs émissions (!) télévisuelles et dans les journaux. Lire leurs articles n'est vraiment pas UNE PARTIE DE PLAISIR. Préférer le langage technique au langage familier, c'est enlever clins d'œil et créativité. C'est parler de sexualité comme d'un domaine neutre, ce qu'il ne peut être. Le langage érotique dépend de la classe sociale à laquelle on appartient, mais pas exclusivement. Le catégoriser selon les niveaux de langue est plus précis : il y a effectivement un vocabulaire dit vulgaire et un vocabulaire dit relevé. La distinction n'est pas totalement satisfaisante. Le langage familier est celui de l'affectivité et les mots changent facilement de registre. Beaucoup plus réaliste est la méthode de Pierre Merle qui distingue vingt et une catégories dans le langage, de «hors-cote» à «avant-garde»[1]. Selon l'époque, la strate sociale et la mode, il nous montre l'extrême richesse, entre autres, du langage érotique. On peut déduire qu'une langue morte, c'est celle qui n'arrive plus à renouveler son vocabulaire sexuel. Elle ne permet plus les VICES DE RAISONNEMENT.

Le langage dépend du contexte, tout en conservant ses lois propres. Croire aujourd'hui qu'on parle de son sexe en traitant quelqu'un de con ou de couillon, c'est de la foutaise! Il est bon de savoir toutefois que plusieurs mots ou images désignaient, au départ, à la fois le sexe de l'homme et celui de la femme. Le *testicule* désignait l'ovaire et la bourse et le *foutre* concernait aussi bien le sperme que les sécrétions vaginales. Quant au ROBINET DE L'ÂME, c'est-à-dire par où s'écoule le désir, cette image EST AUX DEUX! On invoquait encore le réputé et bien nommé saint Foutin au XVIIe afin d'obtenir son aide contre l'impuissance ou la stérilité. Les *parties* furent honteuses au XVe siècle, viriles au XVIe, puis naturelles; enfin on employa *les parties* tout court. Notre société est-elle devenue SPERMISSIVE selon le mot du linguiste Jacques Cellard puisqu'il est permis de S'EXprimer et de S'EXclaffer dans ce domaine? Les limites sont-elles juste en deçà de la PORC-NOGRAPHIE? Tout le monde est heureux de savoir qu'un boute-en-train animera la fête: on hésiterait davantage si l'on savait que le *boute-en-train* désigne le mâle placé au voisinage des femelles à l'effet de les mettre en chaleur. Nous n'oserions plus appeler telle plante (le sedum album ou orpin blanc) une *trique-madame* parce que sa feuille évoque un petit phallus et nous avons facilement oublié la *demoiselle* et le *moine*, ces récipients qui réchauffaient un lit... À l'usine, les ajusteurs parlent toujours d'une «pièce mâle» et d'«une pièce femelle» qui ne peuvent s'emboîter qu'avec une certaine tolérance... Mais il semble bien qu'en d'autres lieux nous confondions encore le langage CHÂTIÉ avec le langage CHÂTRÉ.

---

1. Pierre Merle, *L'Argus des mots. 150 mots et expressions d'usage courant et leurs 5000 synonymes*, Paris, L'Archipel, 1997.

Chapitre XIII

La sotte siété à satiété[2]

Dans toutes les cultures et traditions, les groupes au pouvoir et ceux qui y aspirent veulent mettre la main sur le langage. Pendant qu'était fondée l'Académie française sous le roi Louis XIII pour régir la langue, du haut de la chaire les autorités catholiques associaient les bonnes mœurs au bon parler. Mais aujourd'hui, elles ne sont plus guère écoutées dans leurs anathèmes, et de nouveaux évêques, laïcs ceux-là, prennent le relais. D'autres mots défendus s'accompagnent de nouveaux mots au sens obligatoire. Au nom d'une morale évidente, on nous explique le modèle d'une société idéale et, au nom du progrès, on nous présente un nouveau vocabulaire parce qu'il y a divers mots qu'on risquerait de comprendre de travers...

La liberté du langage, ce n'est évidemment pas de dire n'importe quoi à n'importe qui et n'importe comment. TOUTE PAROLE N'EST PAS BONNE À DIRE. Sinon, il y a rupture de la communication avec l'interlocuteur et des conséquences parfois dangereuses. Aussi, une langue reflète la société dans ses envies et ses tabous. Mais les normes sociales concernant la parole se transforment parfois en obligations et en interdictions dans un contexte moralo-politique. Les changements linguistiques proposés ou imposés ne sont pas uniquement le fait de notre époque comme nous allons le voir, mais on les justifie maintenant par de «bons sentiments» : ceci expliquerait certaines dérives que nous noterons ici et qui vont à l'encontre d'une langue polyvalente et métaphorique que nous défendons.

Les civilisés et les autres

Plus ses caractéristiques sont différentes du groupe auquel il appartient, plus ce drôle d'individu paraît dangereux! Le sexe, la couleur, l'âge, la

---

2. «Afin de faciliter la lecture de ce texte, nous avons employé le masculin comme genre neutre pour désigner aussi bien les femmes que les hommes.» C'est la formule consacrée de beaucoup de textes administratifs.

langue, la religion, voici des marques évidentes. Dans l'Antiquité grecque, on se moquait des étrangers parce qu'ils parlaient une langue bizarre, donc une sorte de charabia traduit par le mot *barbare*. Au IIIe siècle, les «soldats de Dieu» des villes veulent se distinguer des gens de la campagne toujours tentés par le polythéisme: les *païens* sont devenus nos *paysans*. Deux siècles plus tard, un peuple envahit la Gaule: ce sont les *vandales*, aussi féroces que les *ostrogoths*! Tous ces peuples germains, puis romains, en profitaient pour faire prisonniers des Slaves qui devenaient des *esclaves*. Comme certains groupes religieux ne plaisaient pas à l'institution catholique romaine au XIIe, on a fait courir des bruits sur leurs mœurs et ces Bulgares sont devenus des *bougres*. La désignation de *sauvage* (celui qui vit dans la forêt) représentera assez vite le non civilisé.

Parce que les Napolitains appelaient la syphilis «le mal français», les Français leur ont retourné la balle en l'appelant *le mal de Naples*. Et les habitants des Caraïbes, ou *Caribal* (celui qui est brave) que l'on croyait anthropophages, ont été à l'origine du mot *cannibale*. Un *vacarme* réfère aux lamentations des Flamands de jadis avec leur *wach arm* (hélas! pauvre de moi). Un rire *sardonique* réfère aux habitants de la Sardaigne dont quelques-uns buvaient une décoction de *sardonia* qui provoquait des convulsions musculaires du visage. Un *supplice chinois*, c'est horrible et leurs *casse-têtes* sont déments. Un problème bien compliqué, ce sont des *chinoiseries*, moins néfastes toutefois qu'une *querelle d'Allemands* ou une solution dans le genre *douche écossaise*. Quant aux Tartares, peuple féroce comme on sait, ils nous ont évidemment donné la recette du *steak tartare*. Moins sanglantes cependant sont les traditionnelles blagues sur les Belges, les Écossais, les Corses, etc. Racisme? Oui, et d'un autre côté, l'étranger n'est pas toujours vu de façon négative: les commerçants indiens nous ont fourni les *malabars* et nombre d'entre eux sont *forts comme des Turcs*. La même racine (lat. *barbarus*) nous a donné les mots *barbare* et *brave*.

Ce ne sont pas uniquement les autres peuples qui sont les méchants et les tarés! Certains Français auraient préféré déménager à l'étranger s'ils n'avaient pas voulu croiser leur nom dans la légende négative de leur pays. On connaît le préfet Eugène Poubelle qui obligea en 1884 les Parisiens à utiliser des boîtes à ordures ménagères, ce que le peuple lui retourna en appelant ces boîtes des *poubelles*! Au Ve siècle, le brave évêque Acharius passait pour guérir les fous et ses reliques eurent le don, paraît-il, d'éliminer les humeurs méchantes : en souvenir de son nom, on traita d'*acariâtre* toute personne à l'humeur insupportable... Il a suffi que le ministre d'État Étienne Silhouette, veuille plus de rigueur dans les finances du royaume en 1759 pour qu'il soit limogé quatre mois plus tard et qu'on donne en dérision son nom aux figures de papier rapidement découpées. *Limogé*? Oui en quelque sorte, comme ces généraux incompétents assignés à Limoges en 1916. Sans vouloir continuer la longue liste de ces noms propres devenus communs, retenons la permanence populaire de ces quelques exemples[3].

L'association est rendue naturelle aujourd'hui entre le produit national brut d'un peuple et son degré de civilisation. Ceci revient à dire que la civilisation de Sumer, voilà 6 000 ans, est d'une risible insignifiance par rapport à celle d'un pays occidental contemporain, les États-Unis d'Amérique par exemple. Retenons pour notre propos que lorsque ces derniers ont gagné la guerre le 6 août 1945 avec la bombe atomique, leur langue fut automatiquement adoptée comme langue «internationale». Soutenue par un redoutable pouvoir économique et militaire, elle est dite la meilleure pour exprimer le monde technologique contemporain. Sans parler du franglish dans nos revues à la mode, prenons un exemple discret de cette intrusion culturo-économico-linguistique. Comment appeler ces messieurs-dames qui naviguent dans l'espace? Nous avons trois termes à notre disposition : des *cosmonautes*, des *astronautes* et des *spationautes*. Le premier est issu du grec *kosmeticos* signifiant à la fois l'ornement (voir les *cosmétiques*) et l'univers. Emprunté aux Russes, il dut son succès au premier vol habité dans l'espace par Youri Gagarine. Les États-Uniens n'allaient pas en rester là et, à la suite de leurs expériences spatiales, leur terme *astronaut* prédomina. Quant à *spationaute*, d'origine française, il n'a pu s'imposer, d'autant plus que le programme spatial de la France restait modeste à cette époque.

---

3. Parmi les auteurs de dictionnaires d'éponymes, consulter entre autres Pierre Germa, *Du nom propre au nom commun, dictionnaire des éponymes*, Paris, Ed. Bonneton, 1993.

C'est de ta faute!

Nous avons une tendance quasi génétique à attribuer la cause de nos maux à notre voisin. L'ENFER C'EST LES AUTRES paraît tout autant valable pour les groupes et les nations que pour soi-même. C'est la technique traditionnelle du BOUC ÉMISSAIRE. Dans l'Ancien Testament, on écrit que le prêtre juif chargeait rituellement un bouc de tous les péchés des Israélites et l'envoyait ensuite en plein désert pour qu'il « emporte avec lui toutes leurs fautes vers une terre stérile »[4]. Le bouc émissaire, c'est celui QUI PORTE LE CHAPEAU, c'est LA TÊTE DE TURC, c'est celui ou celle qui va PAYER POUR LES AUTRES. C'est celui qu'il faut isoler, séparer du groupe.

L'ambassadeur Jean Nicot est resté célèbre pour avoir été le coauteur du *Thrésor de la langue française*, le premier véritable dictionnaire de français. Aussi comme... l'introducteur officiel du tabac en France. Dans les faits, le tabac est une substance agréable et nocive dont l'accoutumance est à l'origine de plusieurs maladies graves, sinon mortelles, mais le discours officiel sur les fumeurs nous paraît lui-même maladif. Les fumeurs, faut-il les PASSER À TABAC avec la culpabilité ? Même si le capitaine Haddock fume la pipe, il sait qu'un COUP DE TABAC c'est une tempête soudaine. Le mot *tabac*, si nous pensons à la plante, tire son origine d'un dialecte indien d'Haïti, et dans le sens de frapper il a pour racine *tabb*. Est-ce une raison qu'un mot ait deux racines pour qu'il faille TABA(C)SSER dans la publicité les accros du tabac? Parce que les fuMEURS transportent la mort avec leur nom ? D'ailleurs, on sait bien que ce sont des *fumistes* avec leurs excuses qui S'ENVOLENT EN FUMÉE. Quant à FAIRE UN TABAC, où l'agressivité est remplacée par un TONNERRE D'APPLAUDISSEMENTS, on réfère bien sûr aux artistes et, comme tout le monde le sait (!), les artistes ont des mœurs plus ou moins reluisantes... D'ailleurs, beaucoup sont DES BÊTES DE SCÈNE. Bref, C'EST TOUJOURS LE MÊME TABAC. En résumé, ne demandons pas aux antifumeurs de FUMER LE CALUMET DE LA PAIX avec les fumeurs.

---

4. *Lévitique* 16,20-22.

Les associations phonétiques servent toutes les causes et leur efficacité s'appuie sur l'inconscient. En 1990, il était facile de relier SADDAM (Hussein) à son paronyme SATAN en vue de masquer le formidable enjeu politico-économique de la guerre du Golfe. Restons logiques et il sera dénoncé douze ans plus tard comme un soutien de «l'Axe du Mal», ce qui justifiera l'invasion de l'Iraq. Néanmoins, l'une des plus belles réussites des cinquante dernières années est pour certains groupes féministes d'avoir associé le MÂLE au MAL. Toute réaction d'un homme était devenue une réaction ANI-MÂLE ! Sur le même registre, on associait le PHALLOcrate et le SALAUD. On avait enfin trouvé pourquoi le monde allait si «mâle»...

Pour changer cette société demeurée «paternaliste et patriarcale», il faut donc changer le langage qui en est le miroir. Le mot *homme* devient alors suspect. Il se termine pourtant par le *e* féminin ! Une façon d'affirmer la différence et l'égalité des sexes est de «féminiser» le genre masculin. À défaut de ne pouvoir L'É-MASCULINISER ? En face d'*un ministre* nous aurons *la ministre*. C'est logique et dans le sens de la langue. Mais cette nouveauté devient une réelle contrainte puisqu'elle est obligatoire, et l'émetteur doit prouver qu'il parle autant des femmes que des hommes dans son discours. À la limite, on écrira que «l'étudiant(e) doit montrer qu'il/elle maîtrise la langue française». On nous propose d'utiliser le mot *personne* quand il n'y a pas lieu de distinguer les hommes et les femmes, mais pourquoi préciser *personne humaine*? Veut-on dire qu'il y a des personnes animales ou végétales ? Dans une revue gauchisante, on écrira les «amiEs» pour bien montrer qu'on s'adresse également aux femmes. Pour fêter l'an 2000, l'éminent *Petit Robert* introduit un barbarisme : le mot *autrice*[5] ! Bref, une volonté de changement peut nous conduire dans ses extrêmes à une complète DÉFORME DE L'ORTHOGRAPHE.

---

5. Dans toute l'histoire de la langue française, on a retracé seulement trois exemples de ce mot, tous du XVIIIe siècle : ils sont rapportés par Marina Yaguello dans *Les mots et les femmes* (Paris, Payot, «Petite bibliothèque Payot», 1987, p. 131) et *Le sexe des mots* (Paris, Belfond, «La Vie des mots», 1989, p. 33).

Un monde propre propre propre

Le mot *monde* évoque ces poupées gigognes qui s'emboîtent. Il signifie l'univers, puis le monde terrestre, puis ses habitants : l'humanité, puis les membres d'une société, enfin une partie de celle-ci : les mondains. Avec l'expression LES PUISSANTS DE CE MONDE, nous conservons l'idée qu'il existe divers mondes. Nous ne parlons plus de l'IM-MONDE, de l'impur, bref du démon, et nous continuons quand même de « démoniser » les groupes dont les mœurs sont tellement différentes des nôtres. La ferme affirmation de notre désaccord ne suffit pas, il faut lui donner une assise morale. Grâce à cela, nous avons LES MAINS PROPRES lors d'un conflit guerrier puisque nous sommes les bons. Mais malheur à ces vaincus minables à qui on va imposer une paix si peu honorable : on va leur faire PAIX-YER leur défaite en redevances financières, en obligation d'achats au vainqueur, etc. À ces méchants, indignes d'être estimés, indignes d'être aimés, nous opposerons notre AMOUR-PROPRE !

PROPRETÉ et PROPRIÉTÉ sont voisines par le son. Ces deux notions le sont aussi par le sens. Issues du même radical signifiant « ce qui appartient à », elles appuient le système logique de ceux qui POSSÈDENT LEUR LANGUE parce qu'ils emploient les mots dans leur SENS PROPRE. Est-ce pour cela que les *dépotoirs* où l'on enfouissait les *déchets* sont devenus des *lieux d'enfouissement sanitaire* pour les *matières résiduelles* ? Dans un texte, il peut y avoir des EXPRESSIONS IMPROPRES ou bien un USAGE IM-PROPRE des termes. Avec des mots, on peut facilement SALIR UNE RÉPUTATION. D'autres sont marqués d'un interdit social, autant par la hauteur de la voix que par le domaine auquel on réfère et qui est considéré comme tabou : surtout l'érotique et le scatologique. Insultes, injures et jurons sont les caractéristiques du LANGAGE GROSSIER. La sphère religieuse est, elle aussi, le prétexte d'une très grande créativité linguistique[6]. Les Québécois diront, entre autres interjections, *Câlibouère!* (calice + ciboire) ou *Saint-Amant des fesses!* (sacrement de la messe), ou encore ils vont *s'en contresaintciboiriser* au

---

6. Voir Jean-Pierre Pichette, *Le guide raisonné des jurons*, Montréal, Les Quinze, « Mémoires d'homme », 1980.

lieu de *s'en ficher*. Les concours de sacres, où l'on dévide tout un chapelet (!) de jurons, sont restés célèbres dans les chantiers de bûcherons. Rien ne prouve que les *sacreurs* n'étaient pas de fervents catholiques, au contraire. On y fait très peu appel au diable et à ses semblables. En fait, par leur origine commune, l'INJURE est presque naturellement notre réaction à l'INJUSTE, à l'injustice. Plusieurs appellent ce langage fortement émotif le LANGAGE VULGAIRE, langage commun ou populaire, par opposition à la LANGUE NOBLE qui serait parlée par les élites. Les GENS DU MONDE, ceux du GRAND MONDE, ne sauraient parler d'IM-MONDICES. Le BEAU MONDE ne doit pas être confondu avec MONSIEUR TOUT-LE-MONDE. Les affaires du monde sont-elles l'exclusivité du MONDE DES AFFAIRES ?

Les hauts et les bas

Changeons le langage au lieu du salaire ! Tel est le slogan sous-entendu de plusieurs patrons face à leurs employés. Un homme de ménage devient un TECHNICIEN EN ENTRETIEN et une vendeuse une ATTACHÉE À LA CLIENTÈLE, une CONSEILLÈRE EN VENTE ou une AIDE-CONSULTANTE. Un balayeur est promu au poste de TECHNICIEN DE SURFACE, puis d'AGENT VERT. Le jardinier devient ANIMATEUR D'ESPACE VERT et la secrétaire une ASSISTANTE ou une ADJOINTE DE DIRECTION. Le travail est-il devenu merveilleux quand on l'affuble d'un titre aussi pompeux ? Toujours au salaire minimum bien sûr. Le mot *salaire* est lui-même connoté de curieuse façon. À l'origine, c'est une ration de sel pour les soldats romains afin de leur permettre, entre autres, d'éviter crampes et insolations lors d'exercices ou de longues campagnes. Ensuite, le SEL-AIRE devrions-nous dire signifie une somme donnée pour acheter le sel. Le sel comme «aliment de base» nous a conduits en ligne droite au «salaire de base». Autrement, c'est une *rémunération* ou des *appointements* pour les employés, des *honoraires* et des *gratifications* pour les employeurs... Ceux-ci habitent la haute ville, le bourg pour les bourgeois et le haut du bourg pour la HAUTE BOURGEOISIE ; ces HAUT PLACÉS fréquentent forcément la HAUTE SOCIÉTÉ. Les gens d'en bas habitent les BAS QUARTIERS ! Ils sont mis dessous, les SOUS-MIS, et ils se courbent, ces EM-PLOYÉS. Mais gare quand ils se SOUS-LÈVENT (quand ils se lèvent du dessous où on les a confinés) ! Sait-on que le mot *pauvre* est tellement cohérent au point de vue du sens et du son qu'il ne rime avec aucun autre mot ? Et encore moins richement ! Pour atténuer ce détestable sentiment de pitié envers les pauvres et leur montrer notre respect, oublions le terme neutre *indigent* qui signifie « sans ressource », et appelons-les des *économiquement faibles*. Mais on n'ira quand même pas jusqu'à les qualifier *Maître* ou *Votre Honneur* ! Les PAUV' TYPES ne sont pas des riches types.

Le mot *travail* est assez neutre : nous y voyons bien l'idée d'activité, alors que le mot *travailleur* connote l'idée d'une activité manuelle avec effort. En réalité, ce mot conserve l'idée première de souffrance. Sa racine *trepallium* désignait un chevalet de trois pieux servant à immobiliser les bêtes, puis il servit à attacher les suppliciés qu'on interrogeait. Nous avons conservé cette idée dans le langage de la boxe où il est conseillé de TRAVAILLER AU CORPS l'adversaire. On comprend très bien ceux qui refusent logiquement de SE TUER AU TRAVAIL ! Quant à LA SALLE DE TRAVAIL, il s'agit de la salle d'accouchement alors que la femme est EN TRAVAIL sur un lit avec des étriers. Longtemps ce lit fut appelé LIT DE DOULEUR. Puisque c'était le bourreau qui s'occupait du *trepallium*, il nous paraît naturel de parler aujourd'hui d'UN BOURREAU DE TRAVAIL. Est-ce parce qu'il demeure à son BUREAU DE TRAVAIL ? Ce n'est pas un simple de jeu de mots puisque les deux termes, semblables par le son, auraient une origine commune. De toute façon, heureusement que nous avons maintenant des périodes pour nous reposer, avant d'être las, pour nous PRÉ-LASSER, c'est-à-dire vivre à la manière d'un prélat ! Imaginons alors l'existence d'un prélat las…

La directitude politique

L'expression « politiquement correct » est un anglicisme récent qui traduit bien notre hantise de la vertu. On investit le langage d'un pouvoir magique : en changeant le mot, on change la conception du réel ! Les pays sous-développés deviennent tout à coup des PAYS EN VOIE DE DÉVELOPPEMENT. Les infirmes ont une MOBILITÉ RÉDUITE et les handicapés sont des PERSONNES

À CAPACITÉ PHYSIQUE RESTREINTE. Les aveugles sont des NON-VOYANTS et les sourds font partie de l'« Association des devenus sourds et des malentendants ». Les personnes de petite taille sont VERTICALEMENT CONTRARIÉES et les nains sont devenus des GENS DE PETITE TAILLE. Les SOURCIERS ne sont plus des SORCIERS : le GÉOBIOLOGUE devient rassurant. Les clochards ont disparu puisqu'ils sont remplacés par des ITINÉRANTS et des SANS-DOMICILE-FIXE. Avec tous ces euphémismes, supprime-t-on les préjugés ? En atténuant le jugement négatif sur ces gens en dehors de la norme, donc A-NORMAUX, le problème a-t-il disparu ? Les pays en voie de développement sont de plus en plus sous-développés, sauf pour les armes que nous leur vendons, et les clochards sont de plus en plus nombreux avec l'arrivée des jeunes SANS-ABRI. L'expression originale avait l'avantage de montrer le réel au lieu de l'édulcorer.

Qu'ils soient des DEMANDEURS D'EMPLOI ou des personnes EN CESSATION D'EMPLOI, les chômeurs n'ont plus d'emploi. Pour la plupart, ils ont été MIS À LA PORTE dans le but de RÉDUIRE LES DÉPENSES... Plusieurs des MIS-À-PIED ne sont plus tellement loin maintenant de ceux qui boitent ou marchent à cloche-pied, les CLOCH-ARDS. Ce genre d'expression frappe l'esprit par son évocation. Les mots et locutions populaires n'ont pas forcément une valeur négative. Quand un enfant n'était pas reconnu par l'un des géniteurs, ou par les deux, on l'appelait *bâtard*, ou ENFANT DU HASARD, ou encore ENFANT NATUREL (!) ou, plus joliment, ENFANT DE L'AMOUR. L'*avortement* ne s'était pas transformé en INTERRUPTION VOLONTAIRE DE LA GROSSESSE ou mieux encore en *IVG*. Les *vieux* n'étaient pas encore associés au TROISIÈME ÂGE (le quatrième est-il celui du grabataire ?), ni de L'ÂGE D'OR (l'enfance est-elle l'âge du plomb ?) ; simplement c'étaient les *aînés*. *Putains* et *gigolos* marquaient bien la réprobation sociale avant qu'ils deviennent des TRAVAILLEURS SEXUELS, toujours cités devant les tribunaux. Pourtant, à la limite, nous pourrions nous souvenir que ce n'est pas en retirant du vocabulaire le mot *pornographie* et en interdisant de le prononcer sous peine de représailles, que Mao Tsé-Toung a éradiqué ce genre de commerce. Nos sportifs de haut niveau utilisaient voilà peu le *dopage* avant que ce soit une simple ingestion, ou injection, de PRODUITS DE RÉCUPÉRATION. Un champion cycliste est testé «non-négatif» à la cocaïne. À présent, l'autisme affectant les enfants figure parmi les TROUBLES ENVAHISSANTS DU DÉVELOPPEMENT. Quel nom donner aux groupes appartenant à des langues et cultures différentes dans un même territoire national? Ni *nationalité* pour ne pas déplaire au pouvoir central, ni *ethnie* pour ne pas faire ringard ou paraître conformiste, l'Agence France-Presse a concocté NATIONALITÉ ETHNIQUE et les combats INTERCLANIQUES! Lorsqu'il s'agit d'un Occidental, le permis de tuer s'exprimera dans les FRAPPES CHIRURGICALES et les DÉGÂTS COLLATÉRAUX.

Le sens d'un mot peut varier selon l'histoire de son référent, mais sa signification, ou l'interprétation qu'on en fait, est presque toujours contextuelle. Combien de mots affectueux seraient considérés comme injurieux dans un autre contexte! La vigilance linguistique paraît impérative dans certaines situations et le mot *nègre* est intéressant à cet égard. Emprunté à l'espagnol au XVe siècle, *nègre* signifie: de race noire. Au XVIIIe, il acquiert un sens plus global dans l'expression TRAVAILLER COMME UN NÈGRE. De nos jours, son emploi devient nettement péjoratif et à connotation raciste. Pourtant, c'est un mot à connotation positive ou neutre quand c'est un Noir qui l'emploie. Le néologisme *négritude* a été créé par l'Antillais Aimé Césaire pour désigner la culture noire. Bien vu d'un bord, mal vu de l'autre, *Nègre* est maintenant remplacé par le mot *Noir*, prétendument pour éviter tout jugement. Encore là, on ne résout rien car c'est notre esprit qui fabrique la valeur d'un mot. Puisque *Noir* paraît négatif aux jeunes Noirs, ils emploient le mot *Black* en souvenir de la lutte des Noirs américains. Bien avant la colonisation de l'Afrique, habitués et habités par une pensée dualiste, nous opposions la blancheur et la noirceur. La première symbolise l'innocence et la pureté et la seconde la perfidie et la méchanceté. DÉ-NIGRER QUELQU'UN, ou dans le même sens NOIRCIR SA RÉPUTATION, est bien antérieur à la traite des esclaves noirs. En réalité, les Blancs, les Jaunes et les Noirs sont tous des GENS DE COULEUR! La couleur rousse n'était pas non plus la bienvenue jadis: on disait que c'était celle des flammes de l'enfer. Un moment, on a même supposé que Judas avait les cheveux roux[1]. De même que la peau pour certains, cette particularité flagrante de la couleur des cheveux alimentait les préjugés contre les Rouquins. Encore aujourd'hui, on parlera spontanément de COULEUR FLAMBOYANTE à propos des longs cheveux d'une Rouquine. Elle aussi fait partie des MINORITÉS VISIBLES.

L'idiot-logie

Les gouvernements, ou plus clairement divers groupes d'intérêts, imposent les «bonnes» idées par la maîtrise des moyens de communication et la mise en place subtile de comités de propagande. Prenons l'exemple de l'actuel discours dominant reposant sur les notions de paix et de liberté afin de nous préparer à toute implication dans un conflit armé. Pourtant, le langage nous prévient bien de cette folie de tuer des hommes. *Battre* un tapis, une personne, l'action est extérieure, mais SE BATTRE POUR UNE IDÉE ? SE BATTRE, c'est battre SE, c'est battre SOI, c'est battre soi-même. Qu'importe l'idéologie au nom de laquelle je ME bats, je bats MOI. Si seulement les militaires voulaient SE TUER À ME DIRE de partir à la guerre...

Aux pieds de la guillotine et montrant la statue de la Liberté, Mme Roland s'exclamait en 1793 : « O Liberté, combien de crimes on commet en ton nom ! ». Liberté : c'est la notion fétiche des cinquante dernières années. Il semble bien que ce mot et ses synonymes (autonomie, indépendance) soient toujours vides pour beaucoup de gens. L'antonyme n'est plus *oppression*, *esclavage* ou *tyrannie*, mais le mot *dépendance*. Dépendre d'une substance ou d'une personne est presque devenu une tare alors qu'il est très bien vu d'être dépendant de son banquier et son service de crédit. Le mot *liberté* est parfois bizarrement inclus dans le vocabulaire du terrorisme, puisque l'on est prêt à défaire et à détruire en son nom. Notre système économique s'accommode

---

1. Félix Benoit, *A la découverte du pot aux roses. Pour tout savoir sur 500 proverbes, locutions curieuses, sentences et dictons*, Paris, Solar, 1980, p. 86. On référait peut-être au grand dragon rouge-feu de l'Apocalypse qui est associé au Diable et à Satan (*Apocalypse* 12,3-9). À noter qu'on attribuait des cheveux roux aux disciples de Seth, la divinité guerrière de l'Égypte ancienne.

très bien de son synonyme *autonomie*, car l'une des plus grandes réussites publicitaires de la seconde moitié du XXe siècle a été d'associer la liberté à la liberté de conduite, l'auto-nomie à l'auto-mobile. Il est PERMIS DE CONDUIRE – ce n'est donc pas un droit – et ce permis il faut l'acheter.

La langue du pouvoir est une langue de l'évidence. Sans fioritures et sans nuance, elle n'est pas utilisée pour communiquer puisque *communiquer* veut dire partager, mettre en commun. Rappelons-nous les compagnons, les compagnes, les CO-PAINS au sens littéral, tous ces gens que nous aimons et avec qui nous partagerions volontiers notre pain. La radio, la télévision ne communiquent pas, ne partagent pas. Cette langue autoritaire empile les chiffres sur une montagne de mots. Les statistiques viennent au secours de l'OPINION PUBLIQUE. La vraisemblance devient vérité, le probable devient certitude et le pronostic, fatalité. Incertains de la vérité de notre discours, sans en être sûrs, nous appelons alors la SANS-SÛR. Effectivement, la censure enlève, rature, remplace. Ou bien elle ajoute un SENS-SÛR et nous rend complices avec des formules dans le style « Tu sais bien que… » ou « Tout le monde sait que… ».

La langue de béton

Les sermonnaires linguistiques sont à l'affût de toute désobéissance dans le discours des autres. Réciproquement, ils doivent présenter les contradictions internes de leur propre discours comme naturellement morales. La DISCRIMINATION POSITIVE est un exemple de déformation vertueuse du langage. *Discriminer*, c'est séparer, diviser, distinguer. Un point c'est tout. Sa signification est neutre. Le substantif *discrimination* propose un contenu négatif depuis les années 1950 : la discrimination raciale, la discrimination sexiste, la discrimination sociale. Alors, que l'on tourne l'expression comme on le voudra, la discrimination ne peut être positive ! Une autre expression bien vue des nouveaux rectificateurs est la TOLÉRANCE ZÉRO. *Tolérer*, c'est supporter avec indulgence. Aussi, c'est admettre chez autrui une manière de penser et d'agir différente de la sienne parce que IL FAUT DE TOUT POUR FAIRE UN MONDE. Aucune indulgence, c'est *interdire*. Il serait beaucoup plus juste de parler d'*intolérance*. Alors, au lieu d'affirmer la « tolérance zéro » par rapport à l'alcool au volant, pourquoi ne pas dire avec franchise « intolérance garantie » puisque le sens est le même ? Un ministère des Transports annoncera sans broncher que « la sécurité [aérienne] est la première priorité ». Un groupe bien intentionné s'intitulera « Société <u>pour</u> les handicapés intellectuels » : c'est nous qui soulignons ! Quitte à dire le contraire du sens des mots employés, le message de ces organisations a tout pour plaire.

 Les bons sentiments peuvent engendrer, dans leur extrémisme, soit la rigidité du sens des mots, soit leur vacuité. La LANGUE DE BOIS est le parfait exemple d'une langue creuse à défaut d'être profonde. Flaubert n'a pas terminé son *Dictionnaire des idées reçues* et logiquement il devait en être ainsi ! De nouveaux dictionnaires d'évidences, ou sottisiers, paraissent régulièrement[2]. Cette langue en est une où l'enflure verbale remplace la réflexion et les phrases toutes faites deviennent certitudes. On l'a appelée la langue des politiciens ; elle est celle de tous les doctrineurs inquiets. C'est la langue de la citation divine puisque l'on ne peut contredire telle personne – une telle sommité – émettant telle idée. C'est la langue des stéréotypes culturels et de leurs opposés, figés tout autant. C'est la langue des marchands de certitudes. Par exemple, pourquoi nos sociétés occidentales vont-elles si mal ? C'est à cause de l'inflation. Et qu'est-ce que l'inflation ? C'est un monstre qu'il faut dompter. Et de quoi se nourrit ce monstre ? Des trop fortes augmentations de salaire des travailleurs. Mais alors, pourquoi les travailleurs se plaignent-ils ? À cause de l'inflation. Bref, on a tout expliqué sans rien dire en quelque sorte. Le langage a été utilisé pour vider les mots importants de leur substance.

---

2. Parmi les plus récents, citons *Le nouveau dictionnaire des idées reçues, des propos convenus et des tics de langage. Ou le dîner sans peine* d'Alain SCHIFRES (Paris, JC Lattès, 1998). Pour apprendre la langue de bois des politiciens, voir « Le code universel du discours » dans *Machines à écrire* d'Antoine Denize (CD-ROM Multimédia-Gallimard, 1999).

La langue vivante

Comment se fait-il que les nouveaux intégristes n'arrivent pas à imposer leur moralité linguistique dans la langue courante ? Pourtant, leurs discours sont facilement portés par les médias à la recherche eux aussi d'une virginité. Les idées à la mode s'accompagnent évidemment d'un langage à la mode. Elles sont nombreuses et les néologismes et périphrases des professeurs de vertu paraissent tous les jours[3]. Avec un effort, on déduit dans les journaux récents que le « rapprochement intergénérationnel » signifie que tout le monde est invité à la fête, et que les « offreurs de services éducatifs » désignent le personnel scolaire. Quant aux *intervenants*, ils sont employés à toutes les sauces.

On parle beaucoup de la formidable intrusion du vocabulaire anglais dans notre langue (en réalité 2,5 % du vocabulaire) et très peu de la continuelle invention de mots « bien français ». Dans le très distingué journal *Le Monde*, on a pu recenser plus de 2 000 néologismes en 1998. En vrac, voici une douzaine de créations de ces dernières années : le *clavardage* sur la toile Internet, le *copillage*, l'*essentialité* d'une relation, le *génocidaire*, le délit d'*incendiat*, la *malbouffe*, le *nouvelâgisme*, la politique de la *ruralité*, le débat *sociétal*, la *syndicratie*, les *téléphages*, et les trentenaires qui deviennent des *adulescents*. Ce sont tous des mots dont nous imaginons facilement le sens. Quand le pouvoir parle de *prioriser* et d'*optimiser*, d'autres lui opposent la *macdomination* et la *cocacolonisation*. Avec la racine grecque *cyber* (gouverner), on a formé le *cybermonde* et le *cybercafé*, la *cyberculture* et la *cyberdépendance*, ainsi que les tout récents *cyberpoliciers* et *cybervandales*.

L'invention linguistique est le signe de la vitalité d'une langue. Face à la langue verbeuse ou plate, un public composé principalement de jeunes « branchés » réagit par ses propres créations[4]. Au bureau de tabac, on

---

3. Beaucoup ont été relevés par Sylvie Brunet, *op. cit.*, p. 233-246, et par Pierre Merle, *Lexique du français tabou* (Paris, Seuil, « Point virgule », 1993).
4. Voir le *Dictionnaire du français branché. Suivi du Guide du français tic et toc* (Paris, Seuil, « Point virgule », 1989) ainsi que *L'argus des mots. 150 mots et expressions d'usage courant et leurs 5000 synonymes* (Paris, L'Archipel, 1997), tous deux de Pierre Merle.

demandera une *nuigrave* par dérision envers le message « Nuit gravement à la santé ». À propos d'un garçon particulièrement collant, les jeunes Québécoises diront que c'est un *agrès*, un *téteux*, un *achalant* (qui échauffe), un *pichou* (un mocassin), un *épais*, une *tache*, bref un « maudit fatigant » ! Toutefois, le langage des ados se distingue également par les nombreux termes anglais à peine francisés. Le vocabulaire anglais du rock, de la drogue et de la toile Internet apparaît dans leurs revues et leurs groupes de discussion. Mais son importance et son influence sont relatives, car la très grande majorité de ces termes seront vite remplacés par de nouveaux mots moins ringards, qui à leur tour... Aux dernières nouvelles, « C'est chill » a succédé à « C'est cool ». Enfin, dans cette *internettomanie* aux multiples sociétés « point.com » et au langage « techno lingo », espérons que l'*ordinosaure*, qui désigne une machine vieille de quinze ans, restera. Dans le « vortail de commercel », quel mot retiendrons-nous pour tout courriel indésirable : le *pourriel*, le *polluriel*, le *polluel* ou le *pollupostage* ?

*
* *

La langue des oiseaux confronte notre confort intellectuel. Dans notre société contradictoire, à la fois ouverte et figée dans ses prétentions, il y a véritablement QUELQUE CHOSE QUI CLOCHE, quelque chose QUI NE MARCHE PAS BIEN : nous sommes conduits à marcher, sans rouler et sans NOUS FAIRE ROULER, à marcher donc sans bâton, littéralement comme des *imbéciles*, ou bien avec des béquilles comme l'alcool, le tabac ou la nourriture, la baise ou le jeu, ou encore à nous accrocher pour ne pas tomber, à devenir des *accros* du travail, d'Internet, du pouvoir, etc. Des substances sont défendues, et d'autres permises et conseillées : tranquillisants et somnifères. Nos compulsions concernent souvent la bouche et l'oralité. D'ailleurs, le mot *mégot* vient du verbe *mégauder* qui signifie sucer le « lait » de la femme enceinte. Que proposons-nous pour les AFFAMÉS DE JUSTICE ? Et pour tous ceux qui ont SOIF DE VIVRES ?

Nous restons une société profondément traditionnelle par sa morale dualiste : c'est officiellement bien de dire telle chose et mal de dire telle autre. En plus, il faut le dire dans la forme appropriée : parler bien s'oppose à parler mal. Le prêt-à-penser est disponible en tout temps dans les médias de masse. Qu'importe le domaine en question, des réponses toutes préparées sont proposées par les BIEN-PENSANTS, ceux qui pensent bien, ceux qui pensent le bien, ceux qui pensent leur bien ou qui pensent à leurs biens. DÉPENSER et DÉ-PENSER sont-ils des jumeaux ? Truismes et poncifs sont la marque d'un discours parfaitement moral. Ceux qui s'affichent progressistes proposent à leur tour des modèles où suinte la vertu. À défaut d'être correcte, la langue est propre : le code n'est plus dans le dictionnaire, mais dans les règlements. C'est dans ce sens qu'on a pu parler d'une « langue de coton », d'une langue hygiénique[5]. Cette langue est figée, aseptisée : c'est une langue morte. Les nouvelles orthodoxies et leurs prophètes purifient le langage en vue de transmettre un MESSAGE qui est assez proche de la MESSE. À PROPREMENT PARLER, le sexe (pardon la sexualité), la défécation (pardon le transit intestinal), le chômage (pardon la rupture d'emploi), la race (pardon l'ethnie), ce sont tous des mots dont on croit lever l'interdit en les remplaçant par d'autres.

Lorsque nous parlons des *exclus*, des *démunis*, des *exploités*, des *handicapés*, nous utilisons des mots usuels, dont le sens est clair. Changer de vocabulaire changera-t-il le sort de ces gens ? De nouveaux mots et des périphrases les valorisent-ils vraiment ? On peut prendre tout cela AVEC UN GRAIN DE SEL. Littéralement, LA PAROLE EST D'ARGENT. Le fossé s'élargit entre les pays pauvres et les pays riches, entre les pauvres et les riches dans nos sociétés. Changer les mots est-il plus facile que de partager notre avoir ? Paradoxalement, notre tolérance s'accompagne de maintes exclusions. Les multinationales se vantent de leur EXPLOIT qu'est la soudaine augmentation de leurs bénéfices sans préciser qu'elles EXPLOITENT souvent leurs travailleurs. Faut-il rappeler que le *prestige* était vu comme

---

5. Voir l'étude de François-Bernard Huygue, *La langue de coton*, Paris, Robert Laffont, 1991.

l'art de l'illusion jusqu'au XVIIIe siècle? Le peuple appelle cela JETER DE LA POUDRE AUX YEUX. N'est pas forcément civilisée une société CIVIL-AISÉE. De tout temps le pouvoir politique a voulu maintenir son emprise sur les mots et depuis toujours le temps et l'usage ont eu LE DERNIER MOT! Changer un terme ne transforme pas magiquement le réel. La langue a ses propres lois. S'il faut absolument attribuer un féminin à *auteur*, il est probable qu'entre *autrice*, *écrivaine* et *auteure*, c'est *auteure* qui restera[6]. Espérons quand même que le masculin et le féminin pourront s'accorder un jour sans chaperon. Le mot *amour* ne prend-il pas la marque des deux genres? Par ailleurs, notons l'éternelle résistance face aux langages officiels. Le vocabulaire hors norme est bien vivant: il est formé par les argots[7], la renaissance du verlan, les néologismes des élèves et les créations des jeunes banlieusards parisiens. NORME et MORNE se ressemblent un peu trop. Les récents emprunts à la langue anglaise sont-ils plus nocifs qu'un langage vertueux réellement absCONs? Actuellement, dans le domaine des couleurs par exemple, aurait-on le courage d'inventer la *cuisse de nymphe émue* pour un mélange d'incarnat et de blanc, la *triste-ami* pour une couleur proche du pain bis[8]? Quant à la *baise-moi mignonne* dont on ne sait plus la teinte, celle-ci est laissée à notre imagination...

Une langue est vivante parce qu'elle permet le JEU, parce qu'elle met en valeur le JE. Les publicitaires comprennent bien cet extraordinaire pouvoir, un pouvoir qui est d'abord associé au plaisir. Conservons le droit de dire que tel objet est *franchouillard*, ou bien que c'est une *américonnerie* ou encore une *japoniaiserie*. Racisme et nombrilisme sont dans la tête avant d'être dans les mots. Les MAUX d'une société ne sont forcément pas les MOTS! Chacun est pour la vertu et tout le monde veut le bonheur de tout le monde: cela affirmé, méfions-nous quand même des ultra-vertueux car L'ENFER EST PAVÉ DE BONNES INTENTIONS.

---

6. Le terme «auteuse» apparaît de plus en plus. On le trouve pour la première fois semble-t-il chez San-Antonio en 1968 (*Zéro pour la question*, chap. X).
7. Voir François Caradec, *N'ayons pas peur des mots. Dictionnaire du français argotique et populaire*, Paris, Larousse, «Le Souffle des mots», 1998.
8. Colette Guillemard, *op. cit.*, p. 137.

Chapitre XIV

Le mal a dit

Les prêtres nous ont appris à confondre le mal et le mal ! Lorsque nous avons mal, que « nous n'allons pas bien », c'est peut-être parce que nous avons fait le mal… Le MAL-IN a pris possession de nous, en réponse à nos désirs et nos actions inavouables. Alors il s'agira de s'amender, de corriger la faute pour ne plus souffrir, d'accepter la PEINITION. Sinon, il y a des maladies « qui ne pardonnent pas ». Parlons-nous des temps anciens ? Ce n'est pas sûr…

Tomber malade

La souffrance est le signal d'un mauvais fonctionnement du corps ou du psychisme, l'un entraînant généralement l'autre. On dira de la personne qu'elle est TOMBÉE MALADE. Effectivement, elle va s'aliter la plupart du temps, elle va quitter sa position verticale habituelle. Avec ce corps rebelle et son esprit anxieux, elle demandera : « Pourquoi ça m'arrive à moi ? », en sous-entendant involontairement qu'elle préférerait que cela arrive aux autres ! Elle dira JE N'AI PAS DE CHANCE, sans se douter que la *chance* c'est la façon dont tombent les dés, la façon dont ils choient. C'est la même idée de fatalité lorsque la personne s'écriera : « Qu'est-ce que j'ai donc fait au Bon Dieu pour que ça m'arrive ? ». Elle ajoute ici l'idée qu'elle s'est peut-être trompée, plus encore qu'elle a fauté gravement quelque part, qu'elle a été méchante en quelque sorte. Avec une maladie de peau, elle dira que C'EST LE MÉCHANT QUI SORT. Et nous avons encore le sens de « tomber » avec ce mot *méchant*. Le MÉ-CHANT, c'est celui qui choit mal, plus tard celui qui a causé le mal. Le symbole de la chute, mis au premier plan par la religion chrétienne, a toujours une forte charge négative dans notre langage. Agir à l'encontre des valeurs humaines fondamentales, c'est TOMBER BIEN BAS.

C'est la même idée de chute que nous avons en sourdine dans les mots et notions de *faute* et de *péché*. L'origine du verbe *faillir* comme de son dérivé *faute*, est latine semble-t-il, mais on peut supposer une influence du germanique pour ajouter au sens de faire défaut, manquer à une prescription, celui de trébucher (en anglais *to fall* = tomber). De même, le pécheur, par son origine latine *pedicare*, est celui qui bute du pied, qui trébuche, qui fait un faux pas. Le sens de ces deux mots : *faute* et *péché*, n'a pas la portée épouvantable que les intégristes catholiques lui donneront plus tard. Et ce pied qui trébuche, ce pied handicapé est aussi celui du dieu claudiquant qu'est Vulcain. La connotation sexuelle de ce membre inférieur est claire, surtout que Vénus, la si belle épouse de notre dieu du feu, cherchera souvent ailleurs l'accomplissement de ses envies. Grecs et Romains projetaient sur leurs dieux les attitudes humaines, en particulier la sexualité et ses errances dont on tirait ou non une leçon.

Les nouveaux prêtres

Puisque nos prêtres ont failli à expliquer la souffrance en des termes justes qui auraient suffi à trouver un remède garanti, nous dirigeons aujourd'hui cette espérance vers d'autres autorités. Nous voulons continuer de *croire*, c'est-à-dire d'avoir confiance, confiance en quelqu'un qui nous guérira du mal. Ce ne sera plus le mal comme entité malfaisante, mais le mal que nous éprouvons, celui qui est en nous : dans notre corps, notre cœur et notre esprit. Surtout notre corps. Les « leveurs de maux » de nos campagnes se réfèrent à l'ancienne théorie des signatures pour murmurer leurs paroles magiques afin de guérir ce nodule infecté de la peau dont la pointe nous rappelle un *clou* : est-ce grâce à eux que ce mot est employé à la place de « furoncle » ? N'utilisent-ils pas un vrai clou comme complément à la parole afin de guérir le semblable par le semblable ? Mais l'aura du guérisseur ou de l'exorciste brille aujourd'hui autour du spécialiste. Nous investissons le médecin ou le chirurgien de la même pensée magique et parfois, lui aussi semble le croire. Ce n'est pas dû au hasard le fait que ces nouveaux prêtres portent une blouse blanche, sorte d'aube mise précautionneusement avec les mains élevées comme une sorte d'invocation. Mais les gens de laboratoire portent aussi une blouse blanche, dira-t-on. Sait-on que le mot *laboratoire*, ou LABOR-ORATOIRE signifie à la fois le travail (*labor* comme dans *laborieux*) et le lieu de la prière (oratoire)? À l'hôpital, plusieurs refusent le blanc et revêtent maintenant une blouse bleue, sans se douter que cette couleur douce (bleu ciel!) est consacrée à la Vierge, à Notre-Dame des Sept-Douleurs. Quoi qu'il en soit, le médecin pourrait nous apprendre à *méditer* puisque le sens général de ce mot est «soigner»...

Les INTERPRÊTES du réel sont partout, pas seulement dans le domaine médical officiel. Le modèle ancien demeure très efficace : la culpabilité est ajoutée à un comportement jugé indésirable. La personne est identifiée à son action. Depuis quelques années, l'Organisation mondiale de la santé prêche la croisade contre la cigarette et le mot *croisade* est employé spontanément. Curieuse coïncidence : les premières croisades contre les fumeurs furent inaugurées par les papes Innocent X et Urbain VIII (celui qui fit condamner Galilée) qui lancèrent leurs excommunications contre ces démons dont la fumée sortait par la bouche et le nez...[9] Pour leur apprendre à ne plus succomber à leur vice, au lieu de les sanctifier comme au Moyen Âge, nous allons les SANTÉ-FIER! Au lieu d'une personne sainte, nous avons maintenant une personne saine. La SAINETÉ a remplacé la SAINTETÉ.

La croyance ou confiance envers le médecin ou les guérisseurs en tous genres fonctionne parfois d'une manière étonnante. Plusieurs sont de véritables artistes avec l'OR-THÉRAPIE gonflant leur portefeuille. D'un autre côté, à la pensée magique révélée par le médicament placebo correspondra le langage magique de la science. À la pratique de l'euphémisme particulièrement rassurant, on mettra en face celle du mot savant pour donner l'illusion que le mal est bien connu, donc que nous pouvons guérir. Tout d'abord, il vaut mieux rencontrer un «médecin omnipraticien» qu'un «généraliste» dont le nom ne fait pas très sérieux. Ensuite, une *injection* c'est quand même plus efficace qu'une piqûre! Une *rhino-pharyngite* demande que l'on ingurgite

---

9. Voir l'article «Tabac» dans Daniel Brandy, *Motamorphoses. L'histoire des mots*, Paris, Castermann, 1986, p. 290-294.

un médicament, tandis qu'un RHUME demande tout au plus un verre de RHUM(e) avec du repos, ce qui est un peu trop facile. Nous préférons aspirer une ASPIR-INE au lieu d'avoir une injection d'acide acétylsalicylique. Pour vaincre l'«horreur» de telle maladie, on utilisera une périphrase : au lieu d'être morte du cancer, la personne est morte «à la suite d'une longue et pénible maladie». On veut cacher le mal et rien de mieux pour le CACHER que de prendre un CACHET! Simple jeu de mots ici? Qui affirmera que notre inconscient ne nous dirige pas parfois sur des voies bizarres grâce au son des mots plutôt qu'à leur sens? Les capsules de pain azyme contenant une poudre médicamenteuse étaient appelées *kasher* ou *casher*. Cette poudre donc était cachée dans une substance comprimée pour former une sorte de pilule. Or, comme le verbe *cacher* signifie originellement contraindre, presser, son homophone *cachet* (*casher*) est similaire par le sens.

Le patient impatient

Le *patient*, c'est à l'origine celui qui supporte, celui qui endure (son mal), qui souffre sans murmurer, sans se révolter, celui qui PREND SON MAL EN PATIENCE. Est-ce à cause du langage qu'un des endroits où nous attendons le plus, c'est le bureau du médecin? Nous sommes des patients patients! Encore plus souffrants, et c'est à l'hôpital qu'il est de plus en plus conseillé d'y apporter son JEU DE PATIENCE…

Supporter les défauts d'autrui, c'est les *tolérer* et *patienter*. C'est aussi le sens de *souffrir*. Quand on dit à l'autre que JE NE SOUFFRE PAS QUE tu m'insultes, quand on dit JE NE PEUX PLUS TE SOUFFRIR, on veut signifier par là que notre tolérance est à bout, que l'autre a DÉPASSÉ LES LIMITES DE NOTRE PATIENCE. Maintenant, nous allons appliquer un règlement, un décret QUI NE SOUFFRE PAS D'EXCEPTION. Mais nos lois humaines sont relatives, bourrées de cas particuliers, et elles amèneront d'autres souffrances. Pourtant, le domaine juridique continue d'accepter le JOUR DE SOUFFRANCE qui est la baie qu'on peut ouvrir sur la propriété du voisin à condition de la garnir d'une grille, ou LE CHEMIN DE SOUFFRANCE qui est le droit de passage sur son terrain que l'on accorde à d'autres personnes.

*
* *

Les prêtres-médecins antérieurs à Hippocrate sont devenus aujourd'hui, et sans trop le vouloir, des médecins-prêtres. Nous projetons sur eux un pouvoir qu'ils n'ont pas. Nous demandons moins aux thérapeutes de nous enlever la maladie, que la souffrance grâce à leurs produits et quelques paroles rassurantes. Mais leur langage est loin de l'exorcisme et il est d'une affreuse banalité. Même si le registre des qualificatifs pour exprimer la douleur est très large : au moins 80 termes, il reste peu communicable[10]. Comment décrire et montrer une douleur « lancinante » ? Demandons à nos proches ou au spécialiste, au moins de nous *soigner* puisque le mot signifie « prendre soin de ». Prendre soin de l'autre, prendre soin de soi, c'est soigner les gens que nous aimons.

---

10. Philippe Brenot, *Les mots de la douleur*, (s.l.), L'Esprit du temps, 1992, p. 84-85.

IV

LE XXIᵉ SIÈCLE SERA SPIRITUEL OU NE SERA PAS

(André Malraux)

Chapitre XV

Le clair obscur

On tente de nous imposer comment penser et avec quels mots, mais, en définitive, tout cela révèle l'angoisse devant un monde qui échappe continuellement aux certitudes. Les « bonnes » idées restent relatives. Ce qui est vrai, c'est que plusieurs surgissent dans notre esprit, presque à notre insu, ce que nous avons vu au début. Il en est ainsi des images qui apparaissent subitement à notre conscience. Qui vient en premier : les idées ou les images ? La discussion paraît vaine puisque le mot *idée* tire son origine de l'indo-européen et signifie originellement « ce qui est visible ». DONNER UN APERÇU de quelque chose, c'est EN DONNER UNE IDÉE. Toutefois, lorsqu'on emploie des images pour mieux expliquer le réel, d'aucuns répondent que « tout cela n'est qu'imagination », dans le sens où tout cela est faux. Dans le langage, ce qui est appelé images et figures de style semble s'opposer au sens premier et soi-disant réaliste des mots. L'image est une VISION DE L'ESPRIT et, à ce titre, elle en conserve toute l'ambiguïté. À l'origine, elle signifie autant une représentation qu'un fantôme. Lorsque nous décrivons nos rêves, la personne nous écoute et lorsque nous lui affirmons avoir vu réellement cette « vision », elle nous répond que nous avons rêvé !

L'univers dit « irrationnel » est celui des correspondances. Le concept de « mondes parallèles » n'exclut pas leurs points de rencontre. Examinons ici le large champ sémantique et sonore regroupant l'image et la magie, l'ombre et le sombre, le songe et le mensonge. Quant à la folie, elle est associée au génie pour participer à la ronde des esprits dont plusieurs sont vus comme bénéfiques. Dans ce Nouveau Monde céleste, les astres émettent une lumière angélique dont profitent les humains. Bref, tout cela est inquiétant : le langage courant dément-il l'idée selon laquelle notre monde est enfin expliqué ?

Dans la nuit des temps

Le mot *image* fait penser à *mage* et *magie*. D'origines différentes, ces termes sont pourtant liés par le son. Aussi par le graphe, puisque MAGIE est l'anagramme de IMAGE. Ils s'assemblent en plus par le sens, car les procédures modernes de l'imagerie mentale, en psychologie ou en hypnose, ont la même base que diverses techniques magiques : les unes et les autres font appel au mécanisme de projection et de réaction par rapport à certaines FIGURES IMPOSÉES. Nous sommes dans l'IMAGINE-ACTION. De leur côté, les religions et les anciennes écoles philosophiques et ésotériques utilisaient et utilisent encore un support imagé, comme l'icône avec ses symboles, pour atteindre un état d'être particulier. Notre ambivalence devant l'imagination demeure : ce qu'elle produit est forcément faux et, d'un autre côté, c'est peut-être réel. Pour mieux la définir, un philosophe de la fin du XVIIe, Malebranche, est obligé d'employer une image à son tour en l'appelant LA FOLLE DU LOGIS.

Le monde des images, c'est le monde des formes et des figures qui ne peut être décrit qu'à DEMI-MOT : par une parole allusive, discrète, incertaine de son sens. Entre le monde figuré et le monde « propre », entre le sens figuré et le sens propre, la discussion ne peut guère avoir lieu. Notre monde contemporain se veut rassurant avec toutes ses explications « rationnelles » : ceci n'empêche pas que la moitié de la population occidentale croit aux phénomènes « paranormaux ». Plus étonnant, le pourcentage s'accroît dans la population urbaine et instruite. L'astrologie, c'est évidemment idiot puisqu'il y a plus que sept planètes dans notre système solaire et que le soleil lui-même est une étoile, mais si quelqu'un nous propose de lire gratuitement notre « thème natal », peut-être lui fournirons-nous notre date de naissance. Par simple curiosité... Même si nous avons montré à nos enfants à sourire devant les vieilles croyances des tribus d'Afrique ou du Pacifique, un jour nous apprenons qu'à l'égal des Maoris ils se sont fait *tatouer* un dragon ou une autre image symbolique. Les photos bien païennes de leurs idoles accrochées aux murs de la chambre semblent narguer le décalogue professant « Tu ne te feras pas d'idole ». Chanteurs, acteurs et vedettes sportives deviennent nos

MONSTRES SACRÉS que nous irons applaudir au « temple » du rock ou de la renommée. Et que dire des objets fétiches des amoureux !

Pour nous, contemporains, la superstition est le signe de l'ignorance. Probablement que nous serions surpris si nous apprenions que cette célèbre joueuse de tennis utilise la même cabine de douche que celle du matin lorsqu'elle gagne un match. Que telle autre célébrité embrasse le ballon avant de commencer à jouer, que l'entraîneur d'une fameuse équipe de hockey porte sa cravate chanceuse lors de tel match car dit-il : « J'ai des superstitions comme tout le monde ». Combien d'enfants ont cru que la réussite à leur examen était due à la prière discrète de leur mère... *De toute façon, ça ne peut pas faire de mal !* Adultes, ne se sont-ils jamais CROISÉ LES DOIGTS face à un malheur appréhendé ? En réalité, la superstition – tout comme la religion – repose sur des croyances et sur des témoignages, parfois sur l'expérience d'une révélation. La différence entre les deux est que l'une est vue positivement à cause du cadre sévère qui fixe sa pratique rituélique. Avec cette religion catholique rassurante, l'inconnu est expliqué. Pourtant, notre langage conserve toute une tradition magique. Prenons par exemple le procédé du miroir que nous retrouvons dans les contes merveilleux. Nous avons là l'origine de l'*intuition* qui est l'image réfléchie dans un miroir. Cette même image aide donc à *se réfléchir* et à *réfléchir*, comme nous l'avons déjà vu. Les Japonais n'y verraient pas qu'un simple jeu de mots puisqu'ils ont installé de grands miroirs sur les quais des gares de Tokyo afin que les candidats au suicide réfléchissent (!) à leur geste en s'y regardant.

Grâce au langage, nous conservons cette idée d'un monde invisible qui peut être révélé par une perception inhabituelle. De ce fait, nous affirmons la dualité du monde : plus la lumière éclaire un phénomène et plus nous prenons conscience de ses zones d'ombre. La frontière, c'est le tiret du *clair-obscur*. La frontière, c'est l'incertitude à savoir si *sacrer*, c'est sanctifier ou maudire. L'ambiguïté du sens de certains mots est révélatrice d'un monde secret dont il s'agit de SOULEVER UN COIN DU VOILE. Mais la connaissance de ce monde DÉ-VOILÉ et RÉ-VÉLÉ, n'est pas communicable. DÉ-CELER un autre plan de réalité, c'est enlever ce qui le cache, sans pour autant que les autres le perçoivent à leur tour. Rompre le septième sceau de l'*Apocalypse*, c'est se *résigner* dans les faits, c'est-à-dire se soumettre à la volonté divine. Le voile du mystère demeure ce tissu fin dont parlent les écoles anciennes, qu'elles soient égyptiennes ou hindoues, et écarter ce voile symbolique demande qu'on utilise un autre langage formé de signes «cabalistiques», ou que l'on se taise. Le voile d'Isis dans son palais est devenu LE VOILE DU PALAIS des mortels. Le SACRÉ est devenu le SECRET et le *mystère* reprend alors tout son sens. L'*indicible* est une parole interdite ou impossible.

Tout à fait naturellement, le sens des mots reste brouillé quand on veut exprimer l'«inexprimable». L'expressivité de plusieurs d'entre eux est plutôt étonnante : *bizarre, halluciné, hurluberlu* ne sont que quelques exemples d'intouchables dans une réforme de l'orthographe. Avec leur graphie et leur son bizarres, ils semblent tellement bien correspondre à leur signification. D'autres conservent des sens opposés : *fantastique* et *extraordinaire* peuvent être perçus de façon positive ou négative. D'autres encore se différencient par la règle du singulier ou du pluriel : L'*Esprit* de Dieu ou de l'Homme paraît bien éloigné du monde DES *esprits*, et LE *Dieu* chrétien, bénéficiant lui aussi de la majuscule puisqu'Il est unique, passe pour meilleur que LES *dieux* païens qui doivent se battre pour se maintenir à la première place!

L'ombre nous nuit

L'OMBRE EST SOMBRE

Le ROYAUME DES OMBRES est différent du monde souterrain. Tandis que celui-ci est attaché à ce qui est bien matériel, bien terrestre, le côté nocturne du monde est relié à la notion de frontière. METTRE À L'OMBRE quelqu'un, c'est l'emprisonner dans un monde qui n'est plus défini par la clarté : sa nouvelle situation correspond à ses actions FAITES PAR EN DESSOUS. Mais à la différence des temps anciens, nous n'allons plus l'ENVOYER DANS L'AUTRE MONDE, ce criminel.

Ni dans la lumière ni dans le noir, nous restons dans l'entre-deux mondes. Dans cette pénombre, nous ne pouvons plus guère nous reconnaître, au point de n'être plus que L'OMBRE DE NOUS-MÊMES. Parmi ces TÉNÈBRES DE L'INCONSCIENT, notre mental projette ses peurs ancestrales. Nous nous identifions à cet OBSCUR PERSONNAGE soudainement apparu et nous nous dépêchons de le RELÉGUER DANS L'OMBRE. Dans cette atmosphère toute sombre, nous ne pouvons plus fuir LA GRISAILLE DE NOTRE VIE : nous sommes proches de SOMBRER DANS LE DÉSESPOIR, au point d'AVOIR PEUR DE NOTRE OMBRE. Parce que NOTRE ESPRIT EST DANS LA BRUME, nos sens n'ont plus les repères habituels. Avec notre IMAGINATION VAGABONDE, c'est NOTRE ESPRIT QUI S'ÉGARE en *hallucinations*. Ce monde devient réel et l'autre son simulacre : les images sont des apparitions et les formes sont des contenus. Tout à coup, nous avons UNE LUEUR DE RAISON et nous sommes DE RETOUR DANS LA RÉALITÉ. Un petit doute demeure : l'instant précédent a-t-il réellement eu lieu ? Fut-il SÛR-NATUREL ou seulement imaginé ?

SONGE ET MENSONGE

Les rêves et les songes confrontent constamment notre perception de la réalité. Était-ce un monde imaginaire, c'est-à-dire faux, celui que j'ai eu en tête ? Si oui, pourquoi en avoir eu peur dans mon cauchemar ? Pourquoi la prémonition de tel événement ? *Songe* et *ment-songe* sont tellement proches par le son et leur signification qu'ils nous amènent à penser que la NUIT est habitée par ce qui nous NUIT. Aux rêves inconscients durant le sommeil correspondent nos rêves de manipulation durant la journée... En définitive, l'interdiction du mensonge dans l'éducation a peu à voir avec la morale : c'est l'interdiction du délire mental, parce qu'il nous conduit en dehors du réel. Les écoles de sagesse nous apprennent que notre perception est déjà une interprétation et que nous vivons dans l'illusion du monde : rêver cette illusion conduit à des ILLUVISIONS ! Alors, le monde diurne et le monde nocturne n'ont plus de frontière apparente : possédons-nous la CLÉ DES SONGES pour reconnaître et ouvrir les portes du réel ?

LE DÉMENT CIEL

Le VAGUE À L'ÂME peut nous conduire à *divaguer*. Tout ce qui concerne l'esprit ou le mental est englobé par la racine *mens*. La *dé-mence*, c'est donc la privation, la pauvreté d'esprit. Est-ce négatif? Quand Jésus annonce: « Heureux les simples en esprit », il leur oppose probablement ceux qui SE TORTURENT LES MÉNINGES avec leur explication de la réalité, laquelle est forcément fantaisiste puisqu'elle sera remise en question tout à l'heure ou dans vingt ans. Nous retrouvons toute l'équivoque sur la définition de *sens*: l'*in-sensé* présente un *sens* du réel qui n'est vérifié ni par nos *sens*, ni par notre raison, ni par notre savoir ou notre culture.

La notion de folie reste incertaine et son domaine mal circonscrit. L'erreur possible de nos sens, ou bien ce monde qui n'aurait pas de sens, tout cela nous inquiète. La démence est vue comme une sorte de bête monstrueuse puisque LA FOLIE NOUS GUETTE: attention à la prochaine erreur! On désire atténuer cette image avec des mots savants, tels que schizophrénie ou paranoïa. Nous avons appris cependant à mieux respecter les forcenés et les délirants, bref les *a-normaux*. Le peuple savait depuis longtemps que les « innocents » ne sont pas tous atteints de la maladie de crétinisme. Tant s'en faut! D'abord placés sous le signe de la compassion, le *benêt* (le béni) et le *crétin* (le chrétien) furent bientôt affublés d'une image négative. Dans la permanence de ce mot *crétin*, il faut voir ici une sorte de vengeance populaire en regard des mœurs plus ou moins édifiantes de certains prêtres et certains papes durant tout le Moyen Âge. L'épilepsie était appelée LE MAL SACRÉ au XVIIIe siècle. Longtemps, le *méchant* eut le sens de porteur de la MAL-CHANCE.

Ô dieux odieux?

PETITS ET GRANDS GÉNIES

Les aventures et attributs des dieux antiques incarnaient des archétypes: c'est pourquoi la langue a conservé plusieurs de leurs représentations. Un des plus célèbres personnages de la mythologie grecque fut réservé à la moderne grâce à Freud et sa découverte du « complexe d'Œdipe ». Nous utilisons toujours les noms « déifiés » de la semaine (mardi et le dieu Mars) et des mois (janvier et le dieu Janus), en ne pensant plus à leur signification. Mais il n'est pas nécessaire de savoir l'histoire d'un symbole ou d'un mythe si leur esprit demeure. Le *génie* était la divinité qui présidait à la naissance de quelqu'un et nous l'entendons aujourd'hui par tout ce qui est inné, notamment un grand talent, inexplicable parfois par le contexte. Sans leur attribuer la qualité de *génial*, nous considérerons plusieurs d'entre nous comme possédés du GÉNIE DU BIEN ou du GÉNIE DU MAL. C'est *génétique*, diront quelques-uns. C'est d'ailleurs ce que l'on croit à propos de l'alcoolisme, mais ÊTRE DANS LES VIGNES DU SEIGNEUR réfère beaucoup plus aux joyeuses fêtes de Bacchus qu'à Jésus qui transforma l'eau en vin pour les noces, assurément très strictes, de Cana... De toute façon, ce n'était pas vu comme *néfaste* à cette époque : ce n'était pas interdit par la loi divine.

Les anciens noms des dieux conservent la force du symbole lorsqu'ils sont intégrés dans le langage courant. La déesse Fortuna n'est ni bonne ni mauvaise : c'est le sort qui décidera de ma BONNE (OU MAUVAISE) FORTUNE. *Être en furie* évoque les déesses infernales et leur violente colère s'exprimera beaucoup mieux par la répétition du son initial de la *folie furieuse*. Pour quelque chose de bizarre, on appelle à la rescousse un génie néerlandais très malicieux : le troll, d'où proviendrait notre mot *drôle*. Quant à nos petits diables latins, les *lutins*, ils avaient d'autres idées en tête puisque c'étaient eux qui prétendument *lutinaient* les honnêtes femmes durant leur sommeil ! Et pourquoi ne pas inventer des saints puisque nous sommes au Moyen Âge ? Nos saint Aignan et saint Ignace de Loyola ont eu de quoi frémir puisque les Sarthois et les Poitevins les transformèrent en saint Teignant et saint Tignasse que l'on invoquait contre la teigne et toute maladie du cuir chevelu. Les corporations de métiers et les villages se plaçaient sous la protection d'un saint patron ou d'une sainte patronne. Sainte Cécile reste la patronne des musiciens, même si son existence réelle repose sur une légende. Qu'importe, puisque la *musique* est l'art des Muses, ces déesses bien païennes des champs et de la montagne...

ESPRIT, ES-TU LÀ ?
Nous avons déjà signalé l'utilisation spéciale du langage par les prêtres de toutes confréries. Malgré leur opposition apparente, relative au contexte, la religion et la superstition impliquent toutes deux l'idée d'être au-dessus du

monde matériel et profane, et la frontière est bien marquée avec leurs rites et cérémonies qui diffèrent de nos habitudes quotidiennes. Une des techniques les plus utilisées est l'emploi particulier de la voix. On interpelle les dieux, ou Dieu, et on demande leur aide grâce à des *invocations*. Pour ce qui est de l'*évocation* où la modulation du son peut être aussi importante que la stricte «formule magique», il s'agit de faire apparaître des esprits ou des «morts». Mais, pour ne pas tomber dans la malfaisance, dans la «magie noire» comme on dit couramment, on chantera des FORMULES CONSACRÉES, en vue de nous *enchanter* nous-mêmes par le rythme, la musique et la répétition de certains mots associés à certains gestes ou objets. Nous sommes alors sous le *charme* de cet officiant *charismatique*, nous sommes *captivés* ou rendus captifs par ce langage rituélique. Comme les forces mauvaises ne disparaissent pas aisément de notre vie, on utilise alors l'*imprécation* pour les vouer à l'enfer, ou encore l'*exécration* et l'exorcisme. Les *anathèmes* sont les formules de malédiction. PRENDRE LES DIEUX À TÉMOIN que cette personne est fondamentalement mauvaise, c'est la *détester* dans la langue religieuse. Et si cela ne produit pas d'effet, on appellera d'autres créatures célestes à notre secours.

Voir un corbeau est signe de malheur... La «langue des oiseaux» est parfois prise dans son sens littéral avec cette ancienne tradition divinatoire des prêtres romains, les *augures*, qui décodaient les phénomènes célestes et plus précisément le vol et les cris des oiseaux : les *auspices*. Nous avons conservé cette idée de l'inéluctable avec l'expression ÊTRE NÉ SOUS DE BONS AUSPICES, ou cette idée d'une autorité incontestable lorsque nous agissons SOUS LES AUSPICES DE telle personne ou institution. Nous appelons quelqu'un porteur de mauvaises nouvelles, soit un OISEAU DE MALHEUR, soit un OISEAU DE MAUVAIS AUGURE. Tandis que le prêtre dessinait un carré dans le ciel pour délimiter et interpréter le vol des oiseaux, d'autres se servaient bien matériellement d'une petite tablette de bois pour noter les réponses des oracles : on l'appelait *sortem*, d'où notre mot *sort*. Par conséquent, le diseur de sorts était le *sorcier* qui avait le pouvoir de lire cette tablette, de lire ce SORCILÈGE comme on disait en province ; il avait aussi le pouvoir de nous *ensorceler* et de nous JETER UN SORT. «Ce ne sont que des *sornettes*» dirons-nous par association phonétique. Par contre, nous avons toujours confiance en des forces obscures, appelées chance, dans le TIRAGE AU SORT.

Le support «magique» de certains objets, afin d'obtenir ce qu'on désire, date de temps très anciens. Amulettes, fétiches, talismans ou porte-bonheur, ils ne diffèrent guère de la croix portée en sautoir ou attachée à un collier. Seule la signification qu'on leur donne motive la différence. On se défend d'un esprit MAL-FAISANT parce qu'il est assez MAL-VEILLANT pour accomplir un MALÉ-FICE à notre endroit. Le MAUVAIS ŒIL, ce n'est plus l'œil de Dieu évidemment, mais l'œil qui est mauvais en soi, donc l'œil du mauvais, du mauvais sort, du malin, bref du Mal incarné qui ne peut que nous vouloir du mal. Balivernes que tout cela, répondront les esprits rationalistes qui ne s'offusqueront pourtant pas à ce qu'on les regarde d'un BON ŒIL. Peut-être leur arrivera-t-il d'*envier* quelqu'un : *in-videre* en latin, qui a donné *voir*, exprime cette idée du mauvais œil.

La personne a vu quelque chose, COMME PAR MAGIE. Au lieu de LA vision béatifique qui est réservée aux mystiques, elle a eu DES visions. Ce n'est plus une influence subtile qui s'exerce sur elle comme celle des ASTRES par leur rayonnement, mais les personnages du monde ASTRAL appelés revenants, fantômes, ectoplasmes ou autres. Elle a vu quelque chose qui FRAPPE L'IMAGINATION, qui frappe l'esprit : les ESPRITS FRAPPEURS des spirites sont tout proches. Elle cherche à SE CALMER LES ESPRITS. Elle ne sait plus si ces derniers sont à l'intérieur d'elle-même ou à l'extérieur, si elle doit utiliser la prière ou la méditation, ou un exorcisme. Elle se demande si le sens de la vue ne l'a pas trompée : cette apparition, est-ce un FANTÔME ou un FANTASME ? Du reste, les deux mots ont la même origine. Cette forme vient la *visiter*, donc la voir souvent, avec pour résultat de la laisser parfois TRANSIE DE FROID, *transie* comme si elle avait été conduite sur l'autre versant... La frontière s'estompe quand UN caractère porté sur le surnaturel emploie DES caractères «magiques» dessinés sur une image. Les signes du réel deviennent tout d'un coup ambivalents.

LUCIFER EST-IL UN DÉMON DIABOLIQUE ?

Dire que le Diable existe permet de projeter sur le personnage toute idée ou comportement non accepté dans un groupe. Il a bénéficié de plusieurs noms au cours de son histoire. Tour à tour le démon, Satan, Lucifer, ou le diable dans le langage courant, il possède bien d'autres noms dans les écoles de mages. Décortiquons ses noms les plus usuels, ce qui nous permettra de mieux les comprendre au lieu d'apprendre l'effroi à leur simple évocation.

L'origine grecque du mot *démon* signifie un « être sage et habile » selon Socrate qui reprend ainsi la thèse d'Hésiode selon laquelle les démons sont les gardiens des hommes[1]. C'était en quelque sorte le « Maître intérieur » de cette époque. Dans sa version latine, le *démon* est un esprit ou génie au sens général. Païens et chrétiens s'entendaient sur l'existence de cette entité qui est l'intermédiaire entre les dieux et les hommes, ou entre Dieu et sa création. Les premiers les divisaient en bons (les DÉMONS FAMILIERS) et mauvais, mais pour les chrétiens, il ne pouvait y en avoir que de mauvais. Bientôt l'Église constituée définira le démon comme un esprit infernal. Être possédé par le démon, c'est être possédé par le mal et la possession par le Malin devient *démoniaque*.

Satan, c'est l'adversaire en hébreu : adversaire de l'Homme, puis adversaire de Dieu et tentateur du Christ. Son image s'améliore avec le concile de Latran en 1215 qui voit en lui l'être bon qui s'est perverti lui-même. Peu avant, le puissant pape Innocent III avait lancé EN TOUTE BONNE FOI la quatrième croisade contre les ennemis du dehors ou infidèles et la croisade contre les ennemis du dedans ou hérétiques (les cathares). Le chef des anges rebelles avait enfin une autre armée devant lui...

Puisque Satan est le prince des ténèbres, Lucifer en est-il le roi ? C'est à partir du Ve siècle – un siècle après la mort de saint Lucifer ! – qu'il devint pour les chrétiens le chef des démons. En fait, de par son nom LUCI-FER c'est le porteur (*ferre*) de la lumière (*luci*). Et dans la conception la plus simple, quelle est la première espérance de lumière, la première étoile du matin, sinon la scintillante planète Vénus ? Elle fut d'abord nommée Lucifer. Y a-t-il lieu

---

1. Platon, *op. cit.*, p. 632.

maintenant de s'étonner que tout ce qui se rapportait à ce mauvais Lucifer touchait également la sexualité ? C'était lui l'infernal séducteur AUX YEUX DE B(R)AISE ! Nous ne le visualisons pas ventru, variqueux et cacochyme, car ce BEAU TÉNÉBREUX est d'une beauté *vénéneuse*, c'est-à-dire relative aux plaisirs de Vénus, avec parfois les inconvénients vénusiens ou maladies *vénériennes*... Nous étions POSSÉDÉS DU DÉMON DE LA CHAIR.

Le mot *diable* a de quoi nous interpeller puisque son origine grecque signifie ce qui sépare, ce qui désunit. C'est avec ce mot que l'on représente habituellement les forces mauvaises. C'est le plus populaire des méchants et donc le plus ambigu : un sens positif accompagne parfois son sens négatif. Nous avons gardé l'expression C'EST UN BON DIABLE pour définir une personne généreuse et pas très futée. C'est UN PAUVRE DIABLE, lui le miséreux qui TIRE LE DIABLE PAR LA QUEUE. D'un enfant vif, nous dirons que c'est UN BON PETIT DIABLE. Cela ne nous empêche pas de l'ENVOYER À TOUS LES DIABLES quand sa présence devient fortement dérangeante. Trop de pression et nous réagissons par l'expression J'EN AI MARRE que d'aucuns associent au vieil allemand *mar* ou démon[2]. Ce serait l'origine de ce *cauchemar* qui nous met en présence de personnages maléfiques. Le diable est le symbole de l'ENVERS du monde avec son paronyme l'ENFER ou monde inférieur.

Toute idéologie appelle son opposé et c'est souvent le cas pour des mots fondamentaux qui la figurent. Par «hasard», le mot MONDE a pour anagramme DEMON. Le mot *diable* a un registre très large : autant il est un objet comme un petit chariot à deux roues, un jouet, un ustensile, etc., autant il représente la notion existentielle du mal. Employé comme terme affectueux envers les enfants, ces *diablotins*, il s'applique aussi aux loisirs comme ces danses au RYTHME ENDIABLÉ. À l'heure actuelle, l'*énergumène*, tout exalté qu'il soit, n'est plus possédé du démon. Éprouver de la *gêne* ne réfère plus à la géhenne ou séjour des damnés. Enfin, pour EXORCISER SES VIEUX DÉMONS, rien de tel que d'imiter ces derniers et de provoquer UN BRUIT DE TOUS LES DIABLES. Satané langage du peuple qui fréquente certains mots dits !

---

2. Félix Benoit, *op. cit.*, p. 37.

La messagerie céleste

ASTROLOGIQUEMENT VÔTRE

Vouloir savoir l'avenir est le corollaire d'une certitude : notre vie est la conséquence d'une mécanique hors de notre portée. ON EST COMME ON NAÎT en quelque sorte. Voir le futur dans les astres, c'est croire qu'ils nous influencent. Dans ce domaine, la locution la plus courante concerne la planète la plus proche : ÊTRE BIEN (OU MAL) LUNÉ. C'est associer les phases de notre satellite aux phases de notre caractère, comme le *lunatique* qui est atteint de folie périodique. Nous avons nommé un de ses cratères le « Lac des songes » pour bien montrer que la Lune reste associée à notre tendance à rêvasser : avoir LA TÊTE DANS LA LUNE, ou bien à notre tendance libidinale : la LUNE DE MIEL, qui s'accompagne parfois d'une LUNE DE FIEL selon la sagesse musicale de nos aînés. Le cycle complet de la Lune servit de référence pour diviser la durée en mois, donc en mois lunaires. Aujourd'hui encore, c'est la division du calendrier musulman. De cette racine *mensis* qui a donné *mois*, est issu le mot *menstrue* pour désigner le cycle lunaire, ou « régulier » de vingt-huit jours. L'expression AVOIR SES LUNES, si elle n'est plus guère usitée, a le mérite de bien montrer cette relation supposée entre le luminaire et les menstruations. Inscrire son cycle mensuel, ou menstruel, sur un almanach est tout à fait cohérent puisque le mot *almanach*, qui est arabe, signifie « mémoire de la lune ». On y voit toujours indiquées les principales phases de notre luminaire.

La contemplation du ciel par une nuit claire s'accompagne d'une réflexion sur la place de l'humain dans l'univers et de son importance. Les mots *astre* et *sidéral*, ainsi que leurs dérivés, nous montrent bien le lien entre le microcosme (l'humain) et le macrocosme. Regarder attentivement le ciel et ses constellations, c'est CON-SIDÉRER le phénomène. Avoir conscience de leur action funeste c'est en être *sidéré*. Mais ne plus admirer le spectacle céleste avec ses étoiles, c'est ressentir un manque fondamental, c'est DÉ-SIRER, par conséquent souhaiter de nouveau ce contact. Puisque DÉSIRER est l'anagramme de SIDÉRER, la langue veut-elle nous signifier que seul le ciel (le Ciel ?) est vraiment digne d'envie ?

Avoir foi dans son étoile n'évite pas toujours le dés-astre, la naissance sous un mauvais astre. Pour ces « mal-astrés », pour ces *malotrus*, ce qui leur semble être une catASTRophe devient pour d'autres un signe de bon-heur, de bon *augure* ou bon présage. Les Anciens ne considéraient pas que notre vie, ou notre qualité de vie, nous appartenait en propre. La racine *heur* a pour sens le destin, qui n'est ni bon ni mauvais par définition. On prit soin d'y ajouter un adjectif (bon, mal) pour le qualifier. Le bonheur parfait est, en quelque sorte, l'état du bien-heureux. Ce dernier accepte les événements mal-heureux parce qu'il accepte la *fatalité* des déesses de la destinée : il accepte d'avoir eu une bonne (ou mauvaise) fée à son berceau. De même que le Verbe de Dieu créa le monde, la parole des dieux païens est, elle aussi, primordiale et inéluctable : les paroles magiques de la fée sont créatrices d'un nouvel ordre.

ANGÉLIQUE ET LUCIEN SONT LUMINEUX

Pour enseigner le message christique à ceux qui ne savent ou ne veulent pas le lire, pourquoi ne pas l'incarner dans des prénoms, ou le représenter par des tableaux ou des images ? On y voit les démons qui sont velus ou vêtus de sombre et on y voit les anges qui sont habillés d'une aube et resplendissants de lumière. Cette personnification du lumineux reste actuelle avec le mouvement du Nouvel Âge et ses Anges gardiens. Mais les faiseuses d'anges du XIXe sont remplacées par les cliniques d'avortement et leur vocabulaire technique. L'image angélique est associée de nos jours à un monde enfantin, assez près du petit Cupidon – sans sa flèche bien sûr. Ce bébé souriant dans son berceau, nous le traitons de « petit ange », mais n'est-il pas étrANGE avec ses lANGES ce petit étranger quand il sourit aux anges ? Peut-être aurons-nous alors une patience d'ange pour lui apprendre à « percevoir » le silence : un ange passe…

La lumière s'oppose aux ténèbres et la clarté du jour remplace la nuit. Faire la lumière sur ce monde peu compréhensible est en quelque sorte notre devoir d'humains. La preuve en est de toutes ces expressions qui prennent la lumière pour pivot et qui l'associent à notre esprit. *Illustrer* une idée, c'est la METTRE EN LUMIÈRE avec des exemples. À l'esprit brumeux répondent les IDÉES CLAIRES. Notre devoir en est un de *lucidité*, donc de luminosité, et nous devons *élucider* tous ces phénomènes obscurs avec un NOUVEL ÉCLAIRAGE. Grâce à un TRAIT DE LUMIÈRE, grâce à un ÉCLAIR D'INTELLIGENCE, nous *clarifions* le monde enseveli sous la divagation. Devant cet inconnu que nous imaginons très sombre et dangereux, nous nous devons de *dé-clarer*, de rendre clair, que c'est nous qui, très souvent, le remplissons de nos peurs. Devant cette bien SOMBRE AFFAIRE, nous pouvons demander des ÉCLAIR-CISSEMENTS, nous pouvons DISCUTER POUR QUE JAILLISSE LA LUMIÈRE, nous pouvons TIRER AU CLAIR certains éléments. Peut-être aura-t-on une IDÉE LUMINEUSE pour éclairer tel aspect et peut-être irons-nous jusqu'à PRÊTER NOS LUMIÈRES à cette personne pour la rassurer. Maintenant qu'elle a su elle-même ACQUÉRIR LA LUMIÈRE, nous la verrons *rayonnante*, au visage *radieux* et aux yeux *étincelants*.

*
* *

Des notions floues, voire contradictoires, accompagnent ce monde plus ou moins compréhensible. Quand on dit qu'IL N'Y A POINT DE GÉNIE SANS UN GRAIN DE FOLIE, on veut dire par là que les frontières entre le reconnu et l'inconnu sont vagues ou arbitraires. Définis par opposition, l'*in-sensé*, le *dé-raisonnable*, le *dé-lirant* sont la marque de la dualité fondamentale de notre mental, sinon celle du monde manifesté. Nous demeurons sous le signe du *dés-ordre*: celui du sens des mots et celui de la pensée. Mais cette confrontation de l'expérience personnelle avec la culture ambiante peut entraîner des conséquences funestes. Au XVIIe siècle, les partisans de l'ordre internaient dans le même espace libertins, débauchés, alchimistes et insensés[3]. Le monde de l'irrationnel semble s'accompagner de mœurs sexuelles dépravées. Les DÉ-VOYÉS sont ceux qui sont en dehors de la voie,

---

3. Michel Foucault, *Histoire de la folie à l'âge classique*, Paris, Gallimard, «Tel», 1972, p. 119.

en dehors du « bon chemin ». L'univers diabolique du Moyen Âge est relié à une sexualité outrancière que l'on résume encore par l'expression AVOIR LE DIABLE AU CORPS. Il suffit de penser : « Que va-t-il me FAIRE avec ses yeux d'enFER ? », pour que peur et désir se montrent confondus. L'homme vieillissant récupère momentanément sa vigueur grâce au DÉMON DU MIDI. Lucifer est uni à Vénus qui est dite l'étoile du berger : or L'ÉTOILE DU BERGER, dans le langage érotique, c'est le moment favorable pour faire l'amour, au petit matin[4]. Comme la syphilis, très fréquente jadis, s'accompagne parfois de désordres mentaux, le *dérangé* désigna d'abord le débauché. La maladie vénérienne était appelée MALADIE SECRÈTE au XVIe siècle. Bref, la sexualité dans ses « turpitudes » est associée à ce monde hors normes qui est celui de l'excessif et de l'inexpliqué. De mauvaises nouvelles et un futur incertain sont littéralement *obscènes*, avant que ce terme soit appliqué à ce qui paraît choquant dans le domaine génital. Le domaine des SÉCRÉTIONS doit rester SECRET.

Les deux luminaires : le Soleil et la Lune, sont présents dans toutes les traditions symboliques. Leur clarté plus ou moins resplendissante, ou plus ou moins cachée, c'est l'explication primitive et métaphorique du monde et des humains. Utiliser la petite lune ou *lunette*, ne permet pas de tout voir. À défaut d'élucider une fois pour toutes le monde secret des ombres, on poursuit les sorciers et sorcières à l'égal des Juifs dont les prières à haute voix sont devenues le vacarme du *sabbat*. Ce repos du septième jour est resté dans le mot *samedi* et les professionnels d'aujourd'hui ne rechignent pas à prendre un congé *sabbatique*. Autres temps, autres mœurs ? Plutôt dire : autres temps, autres définitions officielles des mots. *Prier* est lié aux prêtres et *invoquer* aux sorciers ; pourtant ils ont le même sens de demander l'aide d'une force supérieure. Ce qui nous dirige à notre insu est appelé parfois l'*inconscient :* sommes-nous prêts à cette rencontre ? Nous préférons le contrôle du rêve éveillé dont les séquences n'en restent pas moins bizarres... Nous désirons et refusons à la fois de lire tous ces volumes qui donnent la clé des rêves, à moins qu'ils soient sérieux ! Hélas pour nous, Freud et Jung

---

4. Pierre Guiraud, *Dictionnaire érotique*, p. 378.

ont laissé peu d'images avec une signification automatique. On veut que l'oniromancie soit rationnelle pour être crédible. Les présages doivent être formulés en statistiques. Cette contradiction se reflète dans notre désir de savoir : nous nions le domaine de l'inexpliqué alors qu'il est à la base de toutes nos découvertes.

L'obscurité, c'est la privation de la lumière. L'obscurantisme de notre esprit, c'est le refus d'une lumière nouvelle. Quitte à fermer tout un pan de la réalité, nous préférons les explications qui sont « sûres et certaines ». Malgré cela, l'angoisse demeure en nous et il nous arrive de penser que « il faut être fou pour vouloir être normal ! ». Soi-disant pour « ne pas effrayer les enfants », on édulcore les contes de fées avec une « belle fin ». Il n'y a plus de loup ou d'ogre qui mange sans retour les petits enfants : plus d'*ogre*, c'est-à-dire plus d'*orc*, plus de divinité infernale de la mort. Le vieux mythe de Cronos (Saturne chez les Romains) dévorant ses enfants est disparu. Sa formidable signification aussi. Mais le langage a d'autres lois. Si les vampires sont devenus bien lointains, on dit encore *vampiriser* une personne pour dire QU'ON LUI SUCE TOUTE SON ÉNERGIE. Les fantômes, les esprits, les apparitions et dieux de toutes sortes, tout cela n'est pas disparu avec la victoire du christianisme sous Constantin au début du IVe siècle.

Ce n'est pas le monde qui est fragile, mais notre esprit qui le conçoit : on peut facilement PERDRE LA RAISON. Nous avons appris que L'INCONNU FAIT PEUR. Il nous faut REMUER CIEL ET TERRE pour repérer un ancrage provisoire. L'inquiétude est là lorsque nous posons des gestes inexplicables : ÇA ÉTÉ PLUS FORT QUE MOI dira-t-on. Le « ça » en cause, qui est-il donc ou qu'est-ce donc ? Le monde de l'ailleurs est défini très justement comme celui de l'*aliénation :* c'est AVOIR LA TÊTE AILLEURS. Être a*LIEN*é, n'est-ce pas avoir rompu les liens ? N'est-ce pas être étranger à soi-même et à ses pulsions, belles et moins belles ? L'ancien support de l'imagerie qu'était le livre est remplacé par cet autre support d'images qu'est le cinéma. Place aux monstres directement issus de la fantasmagorie médiévale, ou bien place aux monstres de l'espace ou encore aux monstres technologiques. L'art de la magie s'est-il transformé en LA MAGIE DE L'ART ? Les images ne sont plus illusions et la raison n'installe plus un « écran » devant le peuple de la nuit.

Notre définition de *personne* est ôtée (puisque le latin *persona* désignait un masque), et ce qui apparaît alors donne la preuve, avec le poète Rimbaud, que «JE est un autre».

Chapitre XVI

La mort n'existe pas

Nous ne savons rien de la mort. C'est un simple concept, une coquille vide dans laquelle les religions et les écoles philosophiques s'efforcent de mettre un contenu. Nous la définissons, non en soi, mais comme la cessation de la vie, ou alors par ses manifestations : arrêt du cœur et de la respiration, dilatation des pupilles, arrêt des fonctions bioélectriques du cerveau. Disparue de notre vie quotidienne depuis un demi-siècle, médicalisée et camouflée sous un langage administratif (le décès) ou savant (une action létale, la thanatophobie), elle offre, grâce au langage, divers visages qui sont souvent révélateurs de nos peurs. L'usage de l'euphémisme est censé diminuer sa gravité, mais pourquoi ne pas prendre au pied de la lettre plusieurs des expressions courantes ?

Les derniers moments

Nos symboles de la mort sont peu nombreux : principalement le squelette de la Grande Faucheuse. Quoi que l'on ait semé dans notre existence, elle tranchera ce qui reste. Quoi que l'on ait accompli, nous la chercherons nous-mêmes et nous saurons TROUVER LA MORT puisque toute notre vie nous aurons été en DANGER DE MORT. Ce sera L'HEURE DE RENDRE DES COMPTES puisque LA MORT EST PROCHE. Ces expressions personnifient la mort afin de la rendre plus concrète, plus présente à notre esprit. Nous pensons fondamentalement qu'Elle nous prend à l'improviste puisque nous serons SURPRIS PAR LA MORT. On ne peut échapper à son ultime rendez-vous.

Cette conception est rendue moins MORT-BIDE avec la disparition de l'image de l'enfer où brûlent éternellement les damnés. Nous renversons nos peurs : les petites tumeurs sur la peau, pas du tout méchantes puisqu'elles ne sont pas malignes, deviennent des GRAINS DE BEAUTÉ. L'*agonie* perd son sens premier d'angoisse pour ne plus désigner que l'instant précédant le décès. Il n'est plus besoin de se *mortifier*, de se rendre mort au péché et aux plaisirs de ce monde. On peut maintenant espérer une « bonne mort », signifiant tout autant celle où on ne souffre pas que l'*euthanasie*. EXPIER nos prétendues fautes est naturellement remplacé par son anagramme EXPIRE.

Il se reposa l'ultime jour

La vie humaine est associée à ce qui est debout, la mort à ce qui est à terre. Bien qu'il réfère à un tumulus, l'étymologie populaire relie facilement le mot *tombe* ou *tombeau* à l'idée de *tomber*. C'est assez logique puisque le mot *cadavre* signifie un corps tombé par terre. C'est exactement ce qui se passe quand la personne est *terrassée* par une crise cardiaque. Une bosse, une excroissance et l'inquiétude surgit : peut-être s'agit-il d'une TUE-MEURS ? D'un avertissement que « tu meurs » ? D'un autre côté, DESCENDRE QUELQU'UN, c'est le tuer. Rouler à TOMBEAU OUVERT est une autre façon ! On pourra alors écrire sur la pierre tombale : « Ci-gît... ».

Dans les dictionnaires usuels, la mort est définie comme l'absence, la perte ou la cessation de la vie. Nous sommes conduits à renouer en même temps avec les définitions de la vie qui, elle, n'a pas été déterminée par rapport à la mort. Généralement, la personne qui a FRÔLÉ LA MORT nous dit qu'elle a alors redéfini sa vie. D'autres ont PERDU LA VIE qu'on leur avait donnée ; de leur corps LA VIE S'EST RETIRÉE. La Vie n'est pas morte en quelque sorte : simplement, le vivant a dit ADIEU À LA VIE lorsqu'il a exhalé SON DERNIER SOUFFLE. À cet instant, il a RENDU L'ÂME incorporée dans LE DERNIER SOUPIR. Il a « rendu » l'âme à qui ou à quoi ? Pour un chrétien « le souffle retourne à Dieu qui l'avait donné » (*Qohéleth* 12,7). Le langage ne nous parle pas de néant ou de chaos au sujet de la mort. La vie est partout dans l'univers : on ne saurait que la quitter ou la perdre. Ou bien LA VIE S'EN VA d'elle-même. C'est donc idiot pour un humain D'ÔTER LA VIE à quelqu'un : elle ne lui appartient pas. On brise son support. Un jour, le vivant rompt le cycle vital de l'inspiration-expiration : il *expire*. Il a QUITTÉ LA VIE, toute la vie connue, en particulier *les vivants*. SA vie est terminée, non pas LA vie. Volatile et protéiforme, elle ne peut être personnalisée comme l'est la mort.

Le vivant SE REPOSE dans la mort et le mort REPOSE dans sa tombe. Dans ce dortoir qu'est le *cimetière*, on écrira sur la pierre tombale RIP pour « Requiescat in pace » (Qu'il repose en paix). Bizarrement, RIP est aussi le sigle de « Relevé d'identité postal » : les deux sens semblent concerner la dernière adresse ! Quoi qu'il en soit, le gisant va DORMIR DE SON DERNIER SOMMEIL. Il a interrompu son activité de vivre, il a calmé ses désirs et son mental : il a droit au repos éternel. Enfin, il REPOSE EN PAIX.

L'au-delà du monde

L'Église romaine a condamné l'hypothèse de la réincarnation. En revanche, celle plus récente du purgatoire eut un succès plus durable : elle fut associée à l'idée de repos au XVIIe, et cela durant deux siècles. Tout comme l'image de l'enfer, de ses flammes et supplices, ce monde intermédiaire est celui de la purification en attendant le Jugement dernier : c'est là qu'il faut ERRER COMME UNE ÂME EN PEINE. Même si le purgatoire et l'enfer ne sont plus guère défendus aujourd'hui, l'image d'un autre monde demeure néanmoins dans le langage. Si d'un côté PARTIR, C'EST MOURIR UN PEU, d'un autre côté le « vivant mort » se prépare à accomplir son DERNIER VOYAGE.

LA MAIN DU DESTIN

Dans ce monde terrestre qu'il s'apprête à quitter, le mourant a accompli sa vie selon des lois qui ne lui appartenaient pas. Dans quelques instants, il sera un *défunt* : il s'est acquitté de son destin et il est relevé de ses fonctions. Il aura droit à l'adjectif « Feu » précédant son nom : « Feue Unetelle » ne se tord pas dans les flammes ! mais elle a endossé la mortalité de sa vie. Bien ou mal ELLE A FAIT SON TEMPS puisque LE TEMPS NOUS EST COMPTÉ. Un autre voyage l'attend car SON HEURE EST VENUE. Depuis le début IL ÉTAIT DIT QUE ÇA DEVAIT SE PASSER COMME ÇA : c'est la *fatalité* puisque ce mot est issu d'une racine indo-européenne signifiant « parler ».

On a pris l'habitude de distinguer la mort «accidentelle» de la mort «naturelle», ce qui est idiot puisque la mort est toujours naturelle, par définition. Notre humanité le veut ainsi. Le meurtre, de soi ou des autres, est physiquement possible pour la plupart d'entre nous. Le mot TUeR contient RUT signifiant rugissement. Des meurtriers avouent devant le tribunal : JE NE SAIS PAS CE QUI M'A PRIS, ou bien J'AI PERDU LA TÊTE. Le rut est en effet appliqué aux animaux, en dehors de notre nature d'humains en quelque sorte. N'oublions pas qu'à l'origine, *menacer* signifie «faire saillie». Comme forces incontrôlées, l'instinct sexuel et celui de la destruction sont ici réunis dans la VIE-OLENCE. Si notre destin est de mourir, il n'est pas forcément celui de SE FAIRE ENLEVER LA VIE, ni de SE DONNER LA MORT. Les Parques, qui filent et défilent la vie de chacun, s'en occupent très bien : la personne malade FILE UN MAUVAIS COTON, jusqu'au moment où SA VIE NE TIENT PLUS QU'À UN FIL.

BON VOYAGE

Parce qu'UNE MALADIE L'A EMPORTÉ, notre CHER DISPARU est PARTI POUR UN AUTRE MONDE... Oui, IL N'EST PLUS DE CE MONDE. Nombreuses sont nos expressions exprimant le voyage vers un ailleurs. Nous touchons ici à un vieux mythe qui est commun à presque toutes les civilisations. On peut y voir la peur de dire le néant avec le cadavre comme vérité, mais pourquoi ne pas y voir aussi tout un ensemble d'anciennes croyances restées vivaces ? Elles seront donc conservées dans la langue.

L'être aimé, IL NOUS A QUITTÉS : de ce monde *en-deçà*, il est passé dans *l'au-delà* du monde. Il a traversé quelque chose et il est passé de l'autre côté : il a *tré-passé*. AUX PORTES DE LA MORT, prêt pour LE GRAND VOYAGE, il a FAIT LE GRAND SAUT. Parce qu'il est ENLEVÉ À L'AFFECTION DES SIENS, le prêtre lui offrira son aide et des provisions pour la route, ce qui est le sens de *viatique*. En plus de ce dernier sacrement, nous l'aiderons tous par nos prières à s'en aller, c'est-à-dire à *périr*. Nous l'aiderons à *dé-céder*, à céder son emprise sur la vie, à LÂCHER PRISE. Enfin, IL N'EST PLUS LÀ.

Voir la mort de près est une ancienne expression qui résume assez bien ce que nous appelons aujourd'hui les EMI ou «Expériences de mort imminente»[5]. Dans cette sorte de voyage ENTRE LA VIE ET LA MORT, la personne morte (cliniquement parlant) conserve la conscience d'elle-même et de ce qui l'entoure. Elle peut VOIR LA LUMIÈRE AU BOUT DU TUNNEL, ou bien elle s'élève au-dessus de son corps, confirmant par là le sens littéral du BAS MONDE. Parfois, elle voit SA VIE DÉFILER DEVANT SES YEUX. Puis LA VIE REPREND SES DROITS et la personne REVIENT À LA VIE, toujours au sens littéral. En fait, cette personne n'était pas morte strictement parlant : elle était À L'ARTICLE DE LA MORT. La différence est d'importance puisque l'*article*, c'est l'articulation, celle qui existe entre deux états. Ni mort ni vivant, cet «être» eut pour seule existence en quelque sorte d'être en dehors du temps : c'est le temps qui n'existe plus, c'est LE TEMPS MORT entre l'inspiration et l'expiration.

*
* *

Nulle part dans le langage figuré, nous ne voyons la mort comme un arrêt définitif. L'esprit ou l'âme ne meurt pas. Dans «Tu es poussière et à la poussière tu retourneras», on s'adresse au cadavre, au corps qui, lui, est périssable. Quand on dit qu'il n'y a rien après la mort, ce «rien» n'est qu'un concept paradoxal : on affirme son existence... Le terme *néant* signifierait que pas un être vivant n'est ici. Alors, y aurait-il dans un ailleurs d'autres formes de vie ? Le mot *mort* reste incohérent : ce qui est existe, et ce qui n'est plus n'existe plus ! En ce sens la mort n'existe pas. «Être mort» est une contradiction dans les termes. L'«arrêt de mort», c'est l'«arrêt de vie», de cette vie... Le nom est seulement rayé du LIVRE DES VIVANTS. Dans les images et dans les locutions que nous avons vues, apparaissent les notions

---

5. Voir l'étude de Patrice Van Eersel qui résume les expériences étonnantes des médecins Raymond Moody et Elisabeth Kübler-Ross : *La source noire. Révélations aux portes de la mort*, Paris, Grasset, «Livre de Poche» no 6538, 1986.

de repos, de sommeil, de voyage vers un autre monde. Le dieu grec de la mort, Thanatos, est fils de la nuit (Nyx) et frère du sommeil (Hypnos).

Le contraire de la mort n'est pas la vie, mais la naissance : l'expression AVOIR AVALÉ SON BULLETIN DE NAISSANCE est assez juste dans ce cas. Nous avons appris le SAVOIR-VIVRE et nous ignorons le SAVOIR MOURIR de Montaigne et des philosophes anciens. SE MOURIR est un vieux verbe signifiant que ce phénomène ultime nous appartient. Il en est de même de sa définition. L'arrêt de l'oscillation sur un écran n'est pas plus juste que l'arrêt du cœur. Les appareils nous définissent la mort apparente, la mort clinique. La sensibilité de l'électrode est différente de celle du « survivant » envers cet être SUR LE POINT DE PARTIR et souvent, ou parfois, si tant tellement aimé.

Chapitre XVII

Un point c'est tout

Nos actuelles explications du réel feront partie des anciennes croyances pour nos descendants. Le doute accompagne nos certitudes. Nous «croyons savoir», réunissant ainsi dans une même expression la pensée idéaliste et matérialiste : CROIRE-SAVOIR. Ce que l'on ne comprend pas est souvent affublé de l'attribut *spirituel* comme si la spiritualité était un fatras de questions ou d'incongruités... Ce que les Anciens appelaient «spirituel» incluait la notion de souffle créateur, comme nous l'avons vu au début. Jusqu'au XVe siècle, l'adjectif est réservé au domaine religieux et théologique. Il est opposé à «corporel». Deux siècles plus tard, il perd sa valeur exclusivement religieuse. De nos jours, nous en sommes venus à reconnaître comme «spirituel» tout phénomène relié à la parapsychologie. Dans cet esprit (!) la pensée du Nouvel Âge propose un nouveau contenu à nos angoisses sous une forme ancienne : CROIRE reste confondu avec CROÎTRE et la formule «ça m'a permis de grandir» accompagne et rationalise nos épreuves et souffrances passées.

Croire, c'est admettre pour vrai. C'est le début de la route vers d'éventuelles certitudes et c'est alors que des meneurs de toutes sortes proposent leurs services. Le modèle des Pères spirituels du XVIIe siècle n'est plus de mise : ces directeurs de conscience, qui se mêlaient de politique quand ils rôdaient dans l'entourage des grands, sont maintenant remplacés par des détenteurs autoproclamés de la vérité qui proposent de guérir automatiquement nos angoisses dans leur MOI-NASTÈRE. Ils sont régulièrement accusés de diriger une *secte,* mais méfions-nous tout de même de cette signification négative car elle sous-entend que les religions officielles n'en sont pas. Or, si nous nous en tenons au point de vue strictement linguistique, le fait que les *religions* seraient des organismes pour *relier* les humains entre eux ou les relier à Dieu, repose sur une erreur propagée très tôt par des auteurs chrétiens. Ce qui est juste cependant, c'est que le pape, en tant que souverain *pontife*, est le faiseur de ponts. Aussi étonnant que cela puisse paraître, on ne sait toujours pas l'origine du mot *religion*. On la définit aujourd'hui comme l'ensemble des cultes et des croyances. L'idée d'un lien ou d'un rassemblement a été inventée et propagée par des docteurs de la foi. Étymologiquement, on penche vers l'idée de «soin méticuleux» et plus généralement de «disposition intérieure». Mais il n'est nul besoin d'aller dans les principes ou le détail des dogmes habituels. Quelques éléments du langage devraient nous aider à comprendre, à défaut de connaître, ce que certains appellent le domaine spirituel et d'autres la Réalité.

Nous sommes tous ego

L'Homme est une invention de la Renaissance. En même temps qu'il devient l'objet d'études dans ses manifestations bien temporelles, on lui donne la première place dans un univers jusque-là réservé à la recherche de Dieu. De là à se prendre pour Lui, il n'y avait qu'un pas que les idéologies ont vite franchi. Mais elles ont PÉCHÉ PAR EXCÈS DE CONFIANCE. Quatre siècles plus tard, nous n'avons toujours pas prouvé que nous sommes les démiurges du monde. Au contraire, le langage continue de nous proposer un modèle d'humilité. Nous sommes des *sujets* et nous sommes *sujets à* des variations extérieures à nous. Nous sommes *sub-ordonnés*, ordonnés et mis en dessous par des lois qui nous sont de beaucoup supérieures. Nous sommes sous la *sujétion* des principes de l'univers. PAR LA FORCE DES CHOSES, nous sommes *assujettis* à ce qui nous mène et nous dépasse.

Incapables de transcender nos souffrances, nous restons sous la domination de notre moi ou ego. Nous regardons le monde et les humains sous le signe de la dualité, ce qu'on exprime si bien lorsque nous disons de telle personne QU'ELLE A LA QUALITÉ DE SES DÉFAUTS ET LE DÉFAUT DE SES QUALITÉS. Plus globalement, nous voyons bien que LE BONHEUR DES UNS FAIT LE MALHEUR DES AUTRES. À ce qui nous arrive, nous ne savons pas si C'EST UN MAL POUR

UN BIEN. Dans le *Dictionnaire des idées par les mots (analogique)*⁶, «bonheur» et «malheur» occupent à peu près le même espace. Nous concevons le réel selon nos désirs, nos intérêts et... nos traumas. C'est notre prison avec ses barreaux imaginés. QUAND ON LE LAISSE SEUL, LE MONDE MENTAL MENT MONUMENTALEMENT, pour reprendre les vers de Jacques Prévert.

Quelle est donc la solution pour échapper à cette subjectivité objective ? Puisque tout notre apprentissage sociofamilial nous est DEVENU UNE SECONDE NATURE, quelle est notre première nature ? La philosophie grecque nous a offert une sentence, redevenue à la mode par de multiples gourous contemporains. C'est le fameux «Connais-toi toi-Même». Inscrite sur le fronton du temple de Delphes, semble-t-il par le philosophe et mathématicien Thalès de Milet, la formule a été reprise par Socrate qui l'a singulièrement tronquée. Au complet, elle s'énonce ainsi : «Connais-toi toi-même, et tu connaîtras l'univers et les dieux.» Et tout d'abord, qui suis-je ? Serait-il possible d'ÉTUDIER UN SUJET ?

Du point de vue philosophique, la connaissance de soi est un paradoxe puisque c'est le sujet qui réfléchit sur lui-même. On a voulu résoudre ce problème avec une autre formule : la «maîtrise de soi», qui suppose une attitude «stoïque» devant les épreuves et les dangers. L'accent est volontiers mis sur le mot *maîtrise*, mais qu'en serait-il si nous le mettions sur le mot *soi* ? Nous revenons au point de départ du *moi* non défini. Grâce à Freud cependant, les définitions sont plus rigoureuses et l'on peut dire que le *moi* regroupe les éléments de la personnalité consciente. Est-ce le signe d'une forte individualité que d'embrayer une phrase avec : «Moi, personnellement, je...» ? Ou bien, lorsque nous affirmons avec tout le sérieux possible : «Je veux être moi-même» ? Le *soi* paraît plus intéressant : son domaine est plus large puisqu'il inclut l'ensemble des pulsions inconscientes. Comment le décoder ? Par le langage par exemple, avec nos images et nos lapsus. Sommes-nous intéressés par ce long travail de décryptage ? Nous nous réfugions alors dans une troisième formule, laquelle est résumée dans le verbe : *se réaliser*. La

---

6. Daniel Delas et Danièle Delas-Demon, *Dictionnaire des idées par les mots (analogique)* Paris, Dictionnaires Le Robert «Les Usuels du Robert», 1987, p. 83-84 et 371.

définition grammaticale est significative : c'est un verbe pronominal parce qu'il est accompagné d'un pronom «personnel» *se* et il appartient au groupe «réfléchi» puisque l'action retourne sur le sujet. Les deux termes mis entre guillemets semblent ajouter de la force à ce message où le locuteur veut se rendre réel...

En pratique, comment savoir si les trois formules énoncées plus haut ne sont pas vides de sens? Malgré notre bonne volonté à les appliquer, n'y a-t-il pas là le piège d'un ego hypertrophié? N'est-ce pas là ce qu'on appelle LA FOLIE DES GRANDEURS? La clé du mental, la clé du *mens* en latin, résiderait dans la CLÉ-MENS. La clémence, c'est reconnaître l'autre comme un miroir de soi, donc avec des carences et des défauts. PITIÉ et PIÉTÉ, qui ont la même origine, nous rappellent que la vie spirituelle est fondée sur l'amour et l'aide du prochain. On l'appelle la *charité*, ou l'art de chérir son semblable. À la base, nous y trouvons l'art de s'incliner devant le réel : la *souplesse* de pensée. Son doublet : le *supplice*, est aussi son opposé car il est réellement provoqué par la «rigidité» des principes.

La connaissance de soi demande de DESCENDRE EN NOUS-MÊMES, de briser les défenses de notre FORT INTÉRIEUR. À l'inverse d'une quelconque fuite vers des régions éthérées, nous rencontrons cette force qui nous retient ou qui nous ramène sur Terre. C'est la force de *gravitation* qui nous donne cette conscience *grave* de notre condition. Car il n'y a pas de plus grande *gravité* que de rester sur Terre. C'est là que réside le point d'appui pour nous DÉ-TACHER de notre *ego-isme* : enlever les taches occasionnées par notre souffrance. Au bout de cette route, de cette VOIE À SUIVRE, il y a l'espoir d'avoir enfin LA CONSCIENCE EN PAIX.

La vérité ?

L'ego répète à qui veut l'entendre ses deux obsessions qui sont la liberté de nos actions et la vérité de nos discours. Ce qui est juste, c'est qu'à l'égal du mot *liberté*, le mot *vérité* est le signe de toutes les folies et de toutes les grandeurs de l'être humain. Plusieurs ne craignent pas de dire : «Ma vérité à moi, c'est...», comme si ce concept fondamental dépendait d'un mental perpétuellement changeant. Nous sommes alors confrontés à un autre paradoxe : y a-t-il une *véritable* définition de la *vérité* ? Restons dans le domaine linguistique et distinguons-la de ce qui est *vraisemblable, plausible, admissible, raisonnable, crédible, digne de foi*. Nombreux sont les équivalents, approximatifs et bien humains, de la *vérité* !

On dit souvent que ce qui est *vrai* est ce qui est *juste*. Ce dernier mot appartient dès le début au vocabulaire juridico-religieux avec le doublet *justesse* et *justice*. La formule juridique EN FOI DE QUOI... lie les deux domaines. Par *juste*, on entendait au Moyen Âge ce qui est conforme à la volonté de Dieu ou à la loi, ou à des mesures. Mais le discours juste ne suffit pas pour persuader l'autre. Nous recourons à des figures de style, par exemple le procédé de la redondance qui vient à notre secours lorsque nous disons que C'EST SÛR ET CERTAIN. En fait, l'expression contredit son sens, car il est inutile d'ajouter un « et » quand la sûreté ou la certitude sont de mise. Peut-on s'en sortir lorsque nous disons avec emphase que C'EST LA VÉRITÉ VRAIE ? La répétition est suspecte, elle aussi.

Alors, on emploiera des formules d'autorité. Sans désigner personne et en se rapportant à tous, nous rendons notre interlocuteur complice en lui affirmant que c'est ARCHI CONNU DE TOUT LE MONDE ! Forcément, C'EST ÉVIDENT et C'EST BIEN CONNU, c'est DE NOTORIÉTÉ PUBLIQUE. En plus, ÇA TOMBE SOUS LE SENS. La généralisation et l'absolutisme du discours sont des façons de conVAINCRE l'autre. Les formules du genre *jamais, toujours, nul, aucun*, etc., sont très courues chez les vériteurs. Ou carrément, ils nous diront que c'est *indiscutable* ! La hauteur de leur voix montre que c'est *incontestable, irréfutable* et ils ajouteront peut-être : TU PEUX ME CROIRE...

La vérité ne permet aucune exception. Elle n'est soumise ni aux appareils de mesure, ni au contexte. Les calculs de probabilités n'ont jamais pu nous donner le gros montant à la loterie. Les extrapolations et généralisations sont parfois justes, parfois fausses... En réalité, la vérité d'un phénomène ou d'une notion est toujours juste quand elle correspond à sa définition. Le langage a la priorité sur nos désirs. Un carré a quatre côtés ; il ne peut en avoir cinq. Par définition. Et si nous changions celle-ci ? Dans ce cas précis, la difficulté est surtout phonétique car le [ka] sonore de *quatre* évoque le

[ka] de *carré*. Les *postulats* et *axiomes*, parce qu'ils sont indémontrables, sont assez proches de LA VÉRITÉ PURE...

Pour côtoyer le plus possible ce qui est vrai, employons le sens du relatif! Voici un exemple où les mots en italique interdisent la certitude : « *Dans l'état actuel de nos connaissances et du point de vue de l'astrophysique*, l'*hypothèse* du "big bang" *semble la plus cohérente et la plus vraisemblable* pour expliquer la création de l'univers. » Provenant d'un esprit honnête qui ne cherche à manipuler personne, le message est juste et vérifiable. En vérité, sommes-nous intéressés à ces précautions et à cette sincérité du discours? Notre ego veut des certitudes au lieu d'hypothèses : POUR LE PRIX QU'ON LES PAIE, ILS (les chercheurs) POURRAIENT AU MOINS TROUVER QUELQUE CHOSE!

Et pourtant! Parfois, nous le savons, À L'INTÉRIEUR DE NOUS-MÊMES, que telle idée, telle croyance, telle perception, tel phénomène, est vrai. Nous le savons DANS NOS TRIPES. Mais alors, le langage est inadéquat pour le communiquer : LES MOTS ME MANQUENT. C'est l'*ineffable*, ce que l'on ne peut exprimer. Le silence est-il donc la seule réponse à nos questions? Si nous le définissons comme l'absence de tout bruit, il peut rendre fou. Rassurons-nous : il y a presque toujours cette parole qui occupe notre mental, ces questions-réponses remplacées par d'autres ou des monologues. Les interprétations constantes forment la toile sonore de notre pensée. Ou bien c'est le miracle : nous sommes en contact avec un temps mort, une sorte de SILENCE DE MORT : la mort de notre parole, la mort de notre mental et de notre ego. Maintenant LE SILENCE EST D'OR.

Être est le Verbe et le Nom

ÊTRE DEBOUT EST UN PLÉONASME

« Être soi-même » est redondant. Le « Je suis » inclut la totalité de notre personne. Parce que le verbe « être » a diverses origines dans sa conjugaison, il ne peut guère en être autrement. Signifiant à la fois se tenir debout (le latin *stare* a donné *étant* et *été*) et croître (l'indo-européen *bhewe* a donné *fus*), il fut utilisé dès le début pour définir le réel (l'indo-européen *es* dans le sens de « se trouver » se transforme en latin *essere* qui a donné *être*). Il est à la fois un nom dont la fonction est de désigner les êtres et les choses, et un verbe qui exprime une action ou un état. Reliant l'attribut au sujet, comme dans «l'homme *est* mortel», il sert d'auxiliaire avec «avoir» pour les temps composés des verbes. Que d'utilisations de ce verbe «être»! Il est central par son sens et ses fonctions dans notre langue.

Être, c'EST être : le verbe se définit par lui-même. Son sens forme une boucle. Les dictionnaires d'usage le définissent comme «avoir une réalité» et définissent la «réalité» comme «ce qui est»! Son synonyme le plus proche est «exister». *Ex-ister*, c'est *ex-sistere*, c'est être à l'extérieur, se manifester. Le latin *sistere* vient de l'indo-européen *sta* qui contient l'idée d'être immobile et de se tenir debout. Donc *exister*, originellement, c'est se manifester debout et immobile ou *sta-ble*. C'est notre différence avec les animaux que cette capacité de rester debout et d'avoir, par conséquent, pleinement conscience de soi dans le monde. Autrement, allongés, nous allons nous REPOSER LA TÊTE, au sens propre comme au sens figuré, ou nous reposer totalement : NOUS NE SOMMES PLUS. Cette racine *sta* et ses déclinaisons nous renvoient à la *stabilité*, à la *constance*, et au mot *étage :* le langage semble nous dire que la perception consciente de l'être demande de la persévérance et elle s'élèvera graduellement, par *étape*. La méthode pour y accéder est la position verticale (debout) de la colonne vertébrale, avec une bonne *assise* sur les fesses. Autrement, notre ÉTAT D'ESPRIT, quoi qu'on dise, N'EST PAS DANS SON ASSIETTE. Notre mental est perturbé par ses ÉTATS D'ÂME pluriels. Nous sommes encore loin de l'ÉTAT DE GRÂCE...

RÉPONDRE PRÉSENT

«Je suis» : c'est l'indicatif présent. C'est le mode de l'être, sans interprétation. Si nous voulions rester cohérents, nous ne conjuguerions le verbe *être* qu'au présent. Ce que nous retenons du passé et imaginons du futur est lié fondamentalement à nos préoccupations actuelles. La chronologie, ou la perception de la durée, est en dehors du présent, lequel se définit par L'ÉTERNEL PRÉSENT. Une autre expression nous le rappelle assez bien puisque ON NE PEUT ÊTRE ET AVOIR ÉTÉ. Il s'agit de RÉPONDRE PRÉSENT aux divers stimuli de notre contexte. Les mots *éveil* et *vigilance* ont la même racine et la même signification dans tous les enseignements puisqu'il s'agit d'une qualité d'attention que signifie bien le mot *présent*, ou *pré-sent* : être en avant, juste avant que l'événement soit. Avoir la présence d'esprit, c'est s'attendre à ce qui arrive. C'est le sens premier d'*assister :* être auprès de cette nouvelle minute, de cette seconde à peine commencée et presque écoulée. Assister quelqu'un, c'est lui offrir notre présence et notre qualité d'être et d'aide. Un *présent* n'est-il pas un cadeau ?

Ce qui ne dépend pas du contexte, c'est l'être, c'est l'*essence* et cette essence est forcément d'ordre céleste. Combien il est difficile de décrire le parfum d'une plante qui est extrêmement volatil ! Cette idée des alchimistes, nous la conservons dans nos huiles *essentielles* : l'être de la plante, son *ens*, c'est son essence. Nous pouvons facilement dire l'essence-ciel et rejoindre la pensée des Anciens pour qui l'essentiel, c'était le Ciel. C'est également le monde des sens qui donne un sens au monde. Encore aujourd'hui, c'est d'*essence* que nous nous servons pour donner vie à notre véhicule, pour l'*animer*, pour le mettre en mouvement.

Ra-Dieu

EN TON NOM
Dieu ne s'appelle pas *dieu* ! Mais pour dire l'existence de l'Être suprême, il nous faut quand même le nommer. Nous pouvons nous approcher de Son Nom véritable. Au Nom de Dieu est une façon de l'invoquer sans le dire. À la suite de Socrate et des philosophes grecs, à la suite des kabbalistes et des soufis, nous savons que seuls quelques initiés et mystiques peuvent dire le Nom. Dans le langage de la prière, on l'appelle *Seigneur*, c'est-à-dire l'ancien ou l'ancêtre. Ce sens est conservé dans la *séniorité* ou le *senior* : le plus vieux. Comme les premières communautés chrétiennes étaient dirigées par les fidèles les plus âgés, les *prêtres* se tenaient donc à leur tête. Quant au *presbytère*, il signifiait le Conseil des Anciens. Cette idée d'ancêtre reste cohérente avec l'idée du principe originel. Avec l'exclamation Seigneur du Bon Dieu !, veut-on nous dire qu'il y a quelque chose avant Dieu ?

Ce que nous appelons « Dieu » est associé, par l'origine du mot, au ciel et à la lumière du jour. Le mot vient d'une racine indo-européenne (*dei*) qui signifie « briller ». Élargie en *deimo* et en *dyew*, elle a servi à désigner ce qui est lumineux, ce qui est céleste, bref ce qui est lumière céleste. C'est le jour ou ciel diurne, qui est défini par l'espace entre le lever et le coucher du Soleil. Lumière, chaleur, espace infini : c'est le ciel qui conservera longtemps son sens de divinité. Celui-ci demeure dans le proverbe AIDE-TOI, LE CIEL T'AIDERA, où le Ciel a droit à sa majuscule. De toute façon, c'est sur Terre que demeure l'humain dans son humus et c'est au ciel que demeurent le Très-Haut et les êtres célestes. Le plus grand des dieux grecs, *Zeus* ou dieu de la lumière, tire son nom de la même racine *dei*. On l'appelle aussi *Zeû Pater*. Ce « Notre-Père qui êtes aux cieux » ne désigne pas le père au sens parental car un autre mot est alors employé : *atta*, soit le père nourricier qui élève l'enfant. Cet omnipotent Zeû Pater se transforme en latin dans la formule d'invocation *dyeu pater* (Ciel Père) qui, elle-même, nous a donné Jupiter (jour-père). Malgré une racine commune, Grecs, Latins et chrétiens ont voulu imposer leur Grand Chef « personnel » !

DIEU RAYONNE

Les mots DIEU et CIEUX se rapprochent par la prononciation (un seul son diffère) et par le sens. Le royaume de Dieu et le royaume des cieux sont semblables par nature. Le lumineux et le divin sont rattachés par la même racine linguistique et par une association presque naturelle. Mythes et religions nous convoquent chaque jour à la renaissance du monde grâce au soleil levant. VOIR LE JOUR est le début de notre destinée solaire. Avec une seule racine, le latin *oriri* nous donne *orient* et *origine*. Le Soleil, c'est la naissance de la lumière, c'est la couleur dorée de la première heure, ou *aurore*. C'est l'éternelle couronne d'or, ou *auréole*, de ces saints qui ont trouvé la lumière dans la nuit. À cause de la ressemblance phonétique, on en profitera pour confondre cette couronne avec cette *aura* qui entourerait des initiés. Mais sa racine est grecque et signifie le souffle ou l'atmosphère.

La divinité est solaire. Dans l'Égypte ancienne d'Héliopolis, *Râ* (*Rê* est une graphie plus moderne) c'est le nom du Soleil lorsqu'il est à son zénith et il représente la puissance créatrice. Associé plus tard au dieu créateur Amon célébré à Thèbes, Amon-Râ est alors le maître de l'univers dont la tête est surmontée du disque solaire. Beaucoup plus tard, on continue d'associer Dieu à un soleil dans la Bible (« le Seigneur Dieu est un soleil et un bouclier » *Psaume* 84,12) et, dans les missels catholiques, on montre le Christ ou le centre de la croix devant un soleil rayonnant (rê-yonnant ?). Du reste, le Seigneur et le Soleil sont directement rapprochés grâce au septième jour... Le dimanche, c'est proprement le « jour du Seigneur », le *dies dominicus* qui s'est substitué au *dies solis*, le jour du soleil, que nous rencontrons dans les langues germaniques en *sonntag* ou *sunday*. N'oublions pas qu'au milieu du IVe siècle, l'Église « christianisa » la cérémonie païenne du soleil renaissant : la *Natalis Solis Invicti* fêtée le 25 décembre, en célébration de la naissance de Jésus.

L'Unité

Dans notre tradition judéo-chrétienne, l'Être c'est Dieu (*Je Suis celui qui suis*) et Dieu c'est le UN (*Le Seigneur notre Dieu est le Seigneur UN*). C'est le début des nombres et le préfixe, en quelque sorte, de tout un champ linguistique. Le UN, c'est celui de l'UNique, de l'UNité, de l'UNion et de l'UNivers.

UN ET ZÉRO (1 + 0)
Le UN c'est l'Être, tandis que le ZÉRO c'est le Non-Être. Parce que c'est à partir du « 1 » que tout commence, les Européens durent se contenter de calculs sommaires jusqu'à la fin du Moyen Âge. En effet, l'emploi du « 0 » fut longtemps interdit par l'Église qui l'associa un moment au diable, mais les marchands l'imposèrent car il facilitait grandement les calculs. Le catholicisme ne pouvait concevoir quelque chose avant Dieu ou le UN. Pour le bouddhisme hindou, la vacuité est le but à atteindre et le « zéro »

représente tout à la fois la totalité de l'univers et le vide fondamental. Le mot indien «*sunya/shûnya*» donna le *zyphra* arabe qui donna le *zephirum* latin, lequel nous donna le *zéro*. Originellement, on le dessinait sous l'aspect d'un cercle ou d'un point : nous avons conservé le symbole du cercle, ce qui contredit le sens de néant qu'on veut apposer à ce nombre. Zéro à la puissance zéro est égal à combien ?

Dans le langage familier, lorsqu'on dit à quelqu'un : T'ES RIEN QU'UN ZÉRO, cette personne risque de réagir fortement si elle a vu du mépris dans ce message. Littéralement, il n'y a rien de négatif puisque le zéro présente une frontière, la neutralité fondamentale entre la valeur positive et la valeur négative. De même l'ambivalence du mot *personne* qui désigne autant l'absence que la présence de l'individu. Un T'ES-RIEN et un TERRIEN sont-ils équivalents ? D'une certaine façon, une valeur négative accolée à l'humain est impossible : ce qui est ne peut s'opposer à ce qui n'est pas. Le UN a son équivalent sonore et son envers à la fois dans le préfixe privatif -IN, tout comme l'ombre se marie à la lumière. L'*in-dicible*, pour prendre un exemple, est intrinsèquement lié au *dicible*. Le UN suppose en lui-même l'impossibilité de le définir puisqu'il est un article *in-défini* !

LE UN EST LE 1er

Notre mental, toujours à la recherche de sa propre glorification, ne peut accepter la neutralité du réel. Le «un/1», article et adjectif numéral, doit acquérir une valeur positive. La valeur de l'*as* en offre un bel exemple. Au départ, l'as est la face d'un dé marquée d'un point, puis il acquiert une valeur favorable pour la carte marquée d'un point à son tour. Enfin, il acquiert la plus forte valeur de toutes les marques sur les cartes. Celle-ci devient la carte maîtresse et la marque des champions au XXe siècle. Ce signe, de valeur numérique minimale (*as* vient du grec et signifie unité), acquiert donc petit à petit la supériorité sur tous les nombres. De façon générale, le «un/1» devient l'Unique. Ce qui est formidable, C'EST NUMÉRO UN !

Ce qui vient en premier dans nos sociétés modernes, c'est l'individu. Oui, l'*in-dividu*, celui que l'on ne peut diviser, donc celui qui se présente NU devant l'univers parce qu'il est UN. Cet UN-DIVIDU affirme son unité à l'intérieur de lui-même, en fait à l'UN-TÉRIEUR devrions-nous dire puisque c'est la façon pour lui de trouver ce qui l'unifie.

L'UNION COSMIQUE

Union eut d'abord un sens religieux et son sens moderne de «couple» date du XVIIe siècle. Parce que dans UNion il y a UN, c'est rendre UN ce qui avait été séparé, c'est ré-UNir. Profondément déchiré par des désirs contradictoires ou des rêves impossibles, l'humain aspire à s'*unifier :* à FAIRE UN. Le «deux», c'est le symbole de ce qui divise ou ce qui est divisé, c'est le *di-able* comme nous l'avons signalé. De même qu'Adam et Ève, qui ont chuté et se sont reconnus différents, tendent désormais à l'Unité, deux humains reprennent la fable à leur tour pour s'unir, pour devenir UN, pour se confondre en UN. Unir, c'est mettre ensemble pour FORMER UN TOUT. Tous les deux NE FONT QU'UN, ayant mis en comme-UN leurs qualités. Parce qu'ils communiquent, ils s'offrent à la COMMUNE-UNION.

Cette union est le but de tout humain. Non exclusive au couple, elle est la volonté de participer au «Grand Tout». Certains l'appellent Dieu. D'autres le nomment univers, ou l'ensemble des phénomènes et leurs relations. Mais se tourner vers l'uni-vers, c'est aussi se tourner VERS L'UNI, en inversant les syllabes, c'est se tourner vers le UN de l'UNivers.

Pas ou Point ?

Les langages sont des systèmes de signes et les signes sont des tentatives de représentations. L'ineffable est déjà difficile à décrire, mais comment dire ce qui n'est pas ? Grâce au pas justement, grâce au pas dans sa négation. Le *pas*, c'est la mesure de longueur du mouvement des jambes. *Ne pas...*, c'est le non-mouvement et *pas*, c'est réellement l'auxiliaire, le fidèle adjoint de la négation.

L'image du COM-PAS, c'est l'écartement des «jambes» qui produit le pas. Le compas, c'est l'instrument pour tracer le cercle à partir d'un centre.

Le pas, le centre et le point, tous ces termes sont liés grâce au langage des mathématiques. En plus, le mot *centre* provient du latin *centrum* qui signifiait la pointe du compas. Et celle-ci va imprimer le point comme une surface. Quelle que soit notre habileté de dessinateur, loupe et microscope montreront une étendue sur la feuille. Même avec la POINT-E la plus fine possible.

Le point représente une frontière qu'il nous est presque impossible à imaginer. Il est en même temps ce qui est et ce qui n'est pas. C'est le paradoxe du POINT ZÉRO. Le point est INFINIment petit. Il est à la fois visible, ou manifesté, et à la fois une abstraction. JUSQU'À UN CERTAIN POINT, il reste incertain ! Il est sans densité ni épaisseur, ni surface ou volume. Par notre langage, il existe cependant. Il est le début et le centre d'une action ou d'une réflexion : au POINT DU JOUR, le Soleil POINT À L'HORIZON et nous sommes alors SUR LE POINT de nous lever. Dans cet espace si ténu, l'action est commencée... à peine. Tout à l'heure, nous serons À LA FINE POINTE de la journée. METTRE AU POINT une invention, c'est presque la voir fonctionner, mais lorsque nous décidons d'une « mise au point » dans une relation, l'idée est de revenir à ce qui est central, à ce qui est important. L'idée est de FAIRE LE POINT. Dans la discussion, tous les arguments convergeront VERS UN MÊME POINT.

Le point est également vu comme la fin de quelque chose. « Je n'en veux point » est beaucoup plus catégorique que « Je n'en veux pas ». Quand la dispute EST AU POINT MORT, elle est terminée car l'un et l'autre sont AU NEUTRE : le moteur des émotions n'est plus alimenté par les « pointes » de chacun. Mettre un point au bout de la phrase, c'est signaler que celle-ci est finie et que le sens est complet. Nous l'avons emprunté à Aristophane de Byzance (IIe siècle av. J.-C.) qui employait trois signes : le point inférieur (il correspond à notre virgule), le point moyen (il correspond à notre point-virgule) et le point supérieur (il correspond à notre point) qui sera appelé « point parfait ». Effectivement, il est parfait dans son emploi puisqu'il indique clairement la fin de l'énoncé. Il souligne également l'articulation d'un monde surprenant, celui du non-discours, représenté par le vide : cet espace entre les phrases.

*
* *

Cette presque impossibilité de dire l'intuition du réel, ou bien une expérience individuelle fondamentale, nous prouve que les mots ne sont pas des représentations transparentes du réel. La tentative de définir l'indéfini utilise alors trois registres. Le premier est la négation : tel mot appelle un autre de sens contraire, ou plus simplement le même mot se retourne avec un préfixe négatif. Le deuxième est la pluralité des termes et des notions à notre disposition. Le troisième est l'utilisation d'un langage imagé.

Le point, le zéro, l'infini, sont tout juste concevables pour notre esprit : à la fois signes et symboles, ils ne peuvent être réduits à un seul sens. Le *pas* est une mesure et l'auxiliaire de la négation. Il est aussi un symbole puisque nos *pas* peuvent nous amener à un *passage* conduisant à un *pas de porte* : nous avons ici le modèle des histoires initiatiques. Les deux systèmes : mathématique et linguistique, se rejoignent dans l'utilisation de purs concepts et leur très grande malléabilité. Lorsque Pascal définit l'univers en écrivant : « C'est une sphère infinie dont le centre est partout, la circonférence nulle part », la langue offre à sa manière la même signification en liant les mots *point* et *tout* dans deux expressions fréquemment employées. L'une est POINT DU TOUT et l'autre UN POINT C'EST TOUT. Celle-ci peut se comprendre littéralement comme : « un point c'est le Tout ». C'est l'idée des Anciens, déjà signalée, selon laquelle le microcosme reflète le macrocosme. Comme créatures organiques, nous en sommes la copie carbone. Le mot *univers* comprend aussi bien l'ensemble des humains (voir le suffrage *universel*) que tout, absolument tout, ce qui existe.

Ces notions fondamentales de l'Être, de Dieu, du Point, de l'UNité, révèlent un sens équivalent. La même relation d'identité était suggérée sur le fronton du temple grec, mais en partant de soi-même. Le POINT D'APPUI de toute connaissance est à l'intérieur de nous. Nous sommes à la recherche de l'Être et de sa redondance : le *bien-être*. Fondamentalement, nous voulons être bien et être vers le bien. AU PLUS PROFOND DE NOTRE

ÊTRE, nous voulons REVENIR À NOUS parce que nous étions plongés dans un monde de rêves. Peut-être rejoindrons-nous ce qu'il y a d'éternel dans l'univers, puisque nous plongeons dans notre INTERNITÉ. Cette démarche pour retrouver le centre de soi ou du monde, ou les deux confondus, est la seule à notre disposition, point final

Conclusion ?

On pourrait facilement conclure que ce long commentaire sur les mots et locutions populaires est relatif à son auteur. Et c'est en partie vrai. Les jeux de mots sont aussi les mots du JE. Pourquoi nous arrêter spécialement sur tel mot, sur telle notion ? Pourquoi cette envie de les regarder autrement ? Et le lecteur lui-même, pourquoi réagit-il fortement à tel endroit ? La parole est personnelle et il ne peut en être autrement. Toutefois, notre personnalité n'est pas aussi originale qu'on pourrait le croire et les expressions retenues, pour la plupart, sont communes à la majorité des usagers de la langue.

Beaucoup de remarques sont sujettes à caution avec des contre-exemples ou d'autres explications. Il en est ainsi de la pensée analogique. Des relations de similitude s'accompagnent de différences et tout cela est une question de point de vue. La validité de la ressemblance est relative ; elle a l'avantage au moins de permettre une réflexion dynamique. L'analogie n'a pas pour but de prouver une vérité une fois pour toutes, elle conteste justement cet énoncé.

Le danger d'un tel exercice est de naviguer dans les limites de la compréhension. La «langue des oiseaux» est un gazouillis, comme elle peut devenir le cri du jars : un *jargon* à son tour. Par toute une série de ressemblances phonétiques, Brisset commence avec «dans l'eau séant» pour arriver à «en ce eau sieds-té» en vue de montrer que nos ancêtres vivaient en société dans le premier océan[1]. Nous côtoyons le *dé-lire*. Une autre limite est la difficulté ou l'impossibilité d'apposer les analogies que nous avons trouvées à d'autres langues, surtout quand elles n'appartiennent pas à la même famille. Pour ne prendre qu'un seul exemple, les langues latines font provenir la notion *homme* de la terre (l'humus) et les langues germaniques de l'ancêtre (*manu*). Et pour nous, c'est le mot *seigneur* qui désigne l'ancêtre.

Est-ce à dire qu'il faille revenir au sens original des mots, à leur étymologie dont nous nous sommes abondamment servis ? Non, bien sûr,

---

1. Jean Pierre Brisset, *La grammaire logique ; suivi de La science de Dieu*, Paris, Tchou, 1970, p. 148.

d'autant plus que l'hésitation demeure sur l'origine de certains d'entre eux. Nous avons vu que beaucoup de mots changent naturellement de sens avec un contexte différent et un référent modifié. D'autres mots disparaissent du langage ou réapparaissent avec un autre sens, d'autres encore sont créés sous forme de néologismes, enfin un bon nombre sont importés et adoptés tels quels ou francisés. L'idée n'est pas de revenir au sens premier des mots, mais de se le rappeler afin de se méfier du sens imposé ou des mots vidés de leur sens. Leurs significations diverses confirment la relativité et le dynamisme de nos idées. À l'opposé, la langue de bois est la sclérose de la pensée.

Il y a toujours eu des interdits de langage et nous les intégrons nous-mêmes dans les différents contextes de la parole. Ce sont les niveaux de langue. Bizarrement, les policiers de la langue sont rarement linguistes. L'histoire nous apprend que les régimes autoritaires se méfient en premier lieu des poètes, et les dictatures les emprisonnent... dans le meilleur des cas. Les tout-puissants veulent nous convaincre qu'il est des langues inutiles dans le monde. Grâce au merveilleux couple paronymique du FRIC et du FLIC, ils tentent d'imposer leur langue – donc leur forme de pensée – de toutes sortes de façons. Parfois, ils réussissent (25 langues disparaissent chaque année et il en reste moins de 6 000 parlées dans le monde) et l'humanité perd chaque fois un peu de sa richesse[2]. Dans des situations moins extrêmes, toutes sortes de petits comités « politiquement corrects » sont formés dans le but de surveiller la pureté morale du discours et d'éliminer ou transformer toute scorie déplaisante à leurs yeux.

On peut contraindre le sens des mots en le travestissant en morale, mais on ne peut guère toucher aux locutions et expressions populaires. Elles résonnent trop dans la mentalité du groupe qui les conserve et les transmet. On peut surveiller l'écrit, non la parole, même lorsque nous pratiquons l'autocensure. On ne peut empêcher la transgression du lexique dans les argots, dans la langue des jeunes, dans le grand registre de la colère, dans le parler affectueux et spontané.

---

2. Voir Claude Hagège, *Halte à la mort des langues*, Paris, Ed. Odile Jacob, 2000.

Le sens des mots varie-t-il au gré de l'histoire et peut-on leur faire dire ce que l'on veut bien ? Une langue ne permet pas n'importe quel arrangement et, d'un autre côté, le sens ne saurait dépendre du seul contexte. Nous recevons une langue avec tout son héritage et toute sa capacité opératoire. Nous en recevons le lexique et ses lois. Parce que cette langue est vivante, elle comprend en elle-même les principes de sa transgression, dont cette prodigieuse capacité du jeu de mots, volontaire ou inconscient. Elle codifie les règles de son renouvellement dans la formation de néologismes. Elle permet l'écart de sa norme, dans certaines limites cependant. Cette malléabilité n'est évidemment pas particulière à la langue française. Toutes, elles permettent la redondance, l'ambiguïté, le jeu sur le code, même si leurs bases et structures conceptuelles sont différentes. Leur force de créativité est le signe de leur vitalité.

La langue recueille et reflète la civilisation de ses usagers. Une expression qui n'a plus de référent dans la conscience collective disparaît tandis qu'un nouveau concept qui semble juste sera traduit en image « populaire » pour en assurer sa transmission. La *malbouffe* est un des plus récents. Nous avons vu tout un ensemble de notions que l'on croyait oubliées : des éléments de la pensée platonicienne, d'autres de la pensée pythagoricienne, d'autres encore de la philosophie hermétique. Le message de la Bible fut lui aussi rappelé. Mais la permanence d'une conception ancienne n'assure pas sa validité actuelle. Elle ne la contredit pas non plus, sous prétexte d'antiquité. Plusieurs fois, nous avons rencontré des dieux anciens comme Saturne ou Vénus, ou des personnages bibliques comme Adam et Ève dans leur chute. De fait, une langue est un formidable réservoir de symboles, de légendes et de mythes.

La langue usuelle contient également les lieux communs. Ils dépendent de l'idéologie qui les favorise et les propage et, pour cette raison, ils disparaissent lorsque la classe ou le groupe social perd de son pouvoir. Le sottisier relevé par Flaubert dans le *Dictionnaire des idées reçues* relève moins des locutions populaires que des réflexes langagiers et des idées toutes faites. Encore aujourd'hui, donc plus d'un siècle après, on ne s'étonne guère à la lecture de l'article *exaspération* : « constamment à son comble » et à celle de *pratique* : « supérieure à la théorie ». Le mot entraîne l'idée qui n'est plus discutée ou mieux, imagée : elle est figée dans sa forme définitive, dans sa morale définitive. Il en est tout autrement des locutions et expressions, qui surgissent d'ailleurs plus souvent des dominés que des dominants. Elles forment une sorte d'infradiscours, de discours en sourdine qui s'appuie sur la connivence et la culture du groupe. Les variations régionales ou celles des français hors de France ont toutes ce réflexe de la *tradition*, c'est-à-dire de la transmission d'un savoir et d'une sagesse. Parce qu'elle est fondamentale, cette conception du réel ne disparaît pas au gré des modes ou des inventions. C'est tout autant un contenu qu'un contenant. C'est la langue des oiseaux employée par les occultistes à partir de la fin du Moyen Âge dont le but n'était pas seulement de voiler certains enseignements en laissant une fine trace pour les décoder, mais aussi d'ouvrir l'esprit vers une autre forme de connaissance.

Une langue ne peut fournir en elle-même des réponses automatiques à nos questions, sauf par des idées rebattues. Ou bien par des images. Le langage usuel est métaphorique par l'utilisation de symboles simples et d'associations avec des éléments de la vie courante. Au moyen des images, les frontières n'existent plus. Avec la phénoménale intrusion de l'informatique dans notre vie quotidienne, le monde «inanimé» d'une machine appelée ordinateur est relié au monde «animé» grâce à cette petite bête qu'est la *souris*. Le contenu ou le contexte peuvent changer, la forme d'esprit demeure. Un «repas-pilule», un «néfaste-food» ou une «estouffade de bœuf» ne sont pas seulement différents dans l'assiette, ils le sont dans notre imagination grâce aux mots choisis pour les nommer.

Le point commun de tous ces auteurs qui ont regardé la langue dans sa polyphonie et sa polysémie, c'est l'ironie, le clin d'œil, l'allusion, le calembour, bref le plaisir. N'y a-t-il pas de meilleur antidote contre la langue de bois? Autrement, comment expliquer l'extraordinaire succès de San-Antonio? Avec plus de 250 millions de livres vendus, il est l'écrivain français le plus populaire de la seconde moitié du XXe siècle. Cet auteur de romans policiers demeure avant tout un romancier de la langue. Son sujet, c'est la langue française. Que les jeux sur les mots plaisent ou déplaisent, que le message qu'ils transmettent soit accepté ou non, qu'importe! Ils révèlent le dynamisme de la langue en même temps que la vitalité du groupe qui la parle.

La poésie est la plus haute forme de connaissance par l'entremise des mots. Tout le monde est poète et utilise des métaphores, non seulement pour résister à l'obligation du sens, mais surtout pour relier des éléments du réel, pour établir un pont entre le perceptible et l'imperceptible. Dans le langage que nous appelons vulgaire ou populaire, ou l'argot, les expressions sont là pour rendre la langue vivante, pour que nous nous sentions plus vivants dans l'acte de parole. Travailleurs manuels et intellectuels, artistes et savants, nous avons tous le réflexe d'abandonner le langage brut pour décrire les oiseaux et les fleurs qui suivent la course du Soleil, à l'égal du professeur *Tournesol*!

Tout comme l'oiseau est le symbole de la liberté, la langue des oiseaux est celle de la liberté de parole. Elle est liberté des sons, liberté de la forme et liberté du sens. Elle est là pour contrer les certitudes dans un monde perpétuellement changeant.

Cette analyse particulière du langage cherche à révéler sous les mots autre chose que le sens habituel. Mais ce dévoilement n'épuise pas le contenu de la boîte aux merveilles, il n'est qu'une ouverture sur des signes dévalués, sur des sens oubliés. L'espérance d'un discours vrai retourne à l'état du désir. Il n'y a pas de parole définitive sur des signes représentant le réel sans le dire, sur des suites de signes imageant le réel et renvoyant ainsi à une seconde parole qui serait explicative et plus claire. Le commentaire, si malmené parce que non définitif, y trouve en même temps sa valeur. Ouverture du langage et ouverture de l'esprit, c'est dans ce va-et-vient constant que s'affirme une approche du réel de plus en plus poétique et, peut-être, de plus en plus juste.

On pourrait bien sûr continuer ce voyage avec d'autres mots et aborder d'autres domaines, toujours avec cette idée que le sens doit être lumineux quelque part. Il y a toujours cet espoir d'une parole qui colle aux choses et à leurs relations et, pour cette raison, on ne saurait mieux finir que par :

Au commencement était le Verbe.

Bibliographie

Nous n'avons retenu que les principaux volumes qui nous ont particulièrement nourri dans cette aventure au pays des mots, en n'ayant garde d'oublier l'incontournable *Dictionnaire historique de la langue française* dans lequel nous avons puisé la plupart des remarques étymologiques.

BOUFFARTIGUE, Jean et Anne-Marie DELRIEU, *Trésors des racines latines*, Paris, Belin, « Le français retrouvé », 1981.
Id., *Trésors des racines grecques*, Paris, Belin, « Le français retrouvé », 1981.
BRUNET, Sylvie, *Les mots de la fin du siècle*, Paris, Belin, « Le français retrouvé », 1996.
CARADEC, François, *N'ayons pas peur des mots. Dictionnaire du français argotique et populaire*, Paris, Larousse, « Le souffle des mots », 1998.
CELLARD, Jacques, *Les 500 racines grecques et latines*, Paris-Gembloux, Editions Duculot, 1979-1980, 2 vols.
DELAS, Daniel et Danièle DELAS-DEMON, *Dictionnaire des idées par les mots (analogique)*, Paris, Dictionnaires Le Robert, « Les Usuels du Robert », 1987.
DEVOS, *Matière à rire. L'Intégrale*, Paris, Plon, « L'Intégrale », 1993.
DROIN, René, *Dictionnaire extraordinaire des mots ordinaires*, Paris, Belfond, « La Vie des mots », 1991.
DUCHESNE, Alain et Thierry LE GUAY, *La surprise. Dictionnaire des sens cachés*, Paris, Larousse, « Le souffle des mots », 1999.
DUNETON, Claude, *Le guide du français familier*, Paris, Seuil, « Les Dicos de Point virgule », 1998.
DUNETON, Claude et Sylvie CLAVAL, *Le bouquet des expressions imagées. Encyclopédie thématique des locutions figurées de la langue française*, Paris, Seuil, 1990.
ÉLUERD, Roland, *Ces mots qui ont perdu leur latin*, Paris, Belfond, « La Vie des mots », 1989.
FAVREAU, Marc (pseud. SOL), *Presque tout Sol*, Montréal, Stanké, 1997.
FOUCAULT, Michel, *Les mots et les choses. Une archéologie des sciences humaines*, Paris, Gallimard, « Tel » n° 166, 1966.

GAGNIÈRE, Claude, *Au bonheur des mots*, Paris, Laffont, 1989.

GARRUS, René, *Les étymologies surprises*, Paris, Belin, « Le français retrouvé », 1988.

HAGÈGE, Claude, *L'homme de paroles. Contribution linguistique aux sciences humaines*, Paris, Fayard, « Le Temps des sciences », 1985.

KHAITZINE, Richard, *La langue des oiseaux. Quand ésotérisme et littérature se rencontrent*, Paris, Dervy, 1996.

LANZA DEL VASTO, Joseph Jean, *Les étymologies imaginaires. Vérité, vie et vertu des mots*, Paris, Denoël, 1985.

MERLE, Pierre, *L'argus des mots. 150 mots et expressions d'usage courant et leurs 5000 synonymes*, Paris, L'Archipel, 1997.

PLATON, « Cratyle » dans *Œuvres complètes*, Paris, Gallimard, « Bibliothèque de la Pléiade », vol.1, 1959, p. 613-691.

REY, Alain (dir.), *Dictionnaire historique de la langue française*, Paris, Dictionnaires Le Robert, 1998. 3 vols.

REY, Alain et Sophie CHANTREAU, *Dictionnaire des locutions et expressions*, Paris, Dictionnaires Le Robert, « Les Usuels du Robert », 1987.

SAN-ANTONIO (Frédéric DARD), *Œuvres complètes*, Paris, Fleuve Noir. 29 tomes.

Index

A

AMOUR, 18, 19, 21, 22, 31, 79
  CŒUR, 73
  EMBRASSER, 45, 80, 93, 111
  PASSION, 44, 74
  UNION, 80, 180
ARGENT, 51, 53
ASTRES, 49, 68, 107, 154, 158
  LUNE, 157, 160
  SOLEIL, 46, 77, 160, 177
  VÉNUS, 160

B

BATTRE, 133
BIEN, 51, 54
BONTÉ, 60

C

CORPS, 16, 99
  BOUCHE, 18, 19
  CUL, 71, 104, 106
  LANGUE, 16
  NUDITÉ, 102
  OBÉSITÉ, 103
  PET, 106
  QUEUE, 111
  SEIN, 60, 109
  SEXE, 109, 115
  SOCIAL, 99
  TÊTE, 37
  VENTRE, 101
COULEUR, 30, 67, 139

D

DIABLE, 155
  DÉMON, 9, 52, 57, 128, 155, 156

LUCIFER, 155, 160
SATAN, 68, 155
TÉNÈBRES, 158
DIEU, 149, 176
  ÂME, 175
  ANGE, 158
  CENTRE, 181
  ESSENCE, 176
  ÊTRE, 44, 48, 174
  LUMIÈRE, 158, 177
  NOM, 29, 32, 176
  ORIENT, 46
  PAS, 180
  POINT, 180
  PRÉSENT, 175
  RÂ, 178
  SEIGNEUR, 176
  UN, 178
  ZÉRO, 178
DIEUX, 29, 68, 81, 113, 141, 149, 151, 152, 161, 177

E

EGO, 170, 172, 174
ÉLÉMENT
  AIR, 39, 43
  EAU, 42
  FEU, 44
  TERRE, 43
ÉLEVER, 96, 169, 174
ÉMOTION, 65
  AGRESSIVITÉ, 68, 69
  DÉPRESSION, 70
  HUMEUR, 66
  PEUR, 16
  REMORDS, 68
ENFANT, 18, 19, 32, 87
ENSEIGNER, 92

F

FATALITÉ, 152
FEMME, 18, 23, 127
FOLIE, 151, 159
FOUTRE, 112

G

GAUCHE, 75
GÉOMÉTRIE, 94
  CARRÉ, 97
  CERCLE, 97
  DROITE, 50, 76, 95
  ÉQUERRE, 95
  NORME, 95
  ORTHO, 95
  RÈGLE, 96
  SPHÈRE, 97

H

HOMME, 15, 43, 127, 170, 185

I

IDÉE, 36
  DEVINER, 38
  IMAGINATION, 147
  PENSER, 40
  RÉFLÉCHIR, 38, 85

L

LANGUE
  ABRÉVIATION, 27
  BARBARISME, 23, 127
  DE BOIS, 135
  DICTION, 30, 31
  EUPHÉMISME, 131
  EXPRESSIVITÉ, 19, 21, 22, 65, 149
  INTERJECTION, 16

LETTRE, 26, 27
MAGIQUE, 28, 29, 30, 32, 33, 153
MATERNELLE, 18
MOT, 15
NÉOLOGISME, 136
NOM, 21, 29, 32
ONOMATOPÉE, 17, 19
PAROLE, 16, 25, 31
PHRASE, 88
RIME, 20, 130
SERMENT, 31
SON, 18
SUFFIXE, 22
LANGUE DES OISEAUX, 7, 8, 9, 10, 11, 17, 121, 153, 185, 188, 189
LIBERTÉ, 8, 36, 67, 70, 81, 84, 85, 88, 89, 98, 133, 172, 189

M

MALADIE, 140
  MÉDECIN, 141
  MÉDICAMENT, 142
  PATIENT, 143
  SANTÉ, 142
MÉCHANCETÉ, 31, 124, 128, 132, 140, 151, 156
MORT, 69, 75, 163, 174
  EMI, 167
  REPOS, 165
  TOMBER, 70, 140, 164
  VOYAGE, 166
MUSIQUE, 96

O

OGRE, 103
OR, 77, 174
OUI, 50, 58

P

PARANORMAL, 147, 154
  ESPRITS, 149

OMBRES, 149
SONGES, 150
PÉCHÉ, 141
PENSER, 84, 92
  APPRENDRE, 90
  CRITIQUER, 86
  LIRE, 89
  MORALE, 87, 94
  OBJECTIVITÉ, 91
  PESER, 85
  RAISON, 85, 161
PROPRIÉTÉ, 40, 128, 143

R

RELIGION, 170
  CROIRE, 169
  PIÉTÉ, 172
  PRIÈRE, 30
  SAINT, 56, 60

S

SENS, 55, 65
  GOÛT, 60
  ODORAT, 56
  OUÏE, 58
  TOUCHER, 61
  VUE, 59, 154
SOCIÉTÉ, 123
  AUTORITÉ, 173
  CIVILISATION, 124
  PROPRETÉ, 128
  SALAIRE, 129
  TABAC, 126, 136
SUPERSTITION, 148

T

TRAVAIL, 130

V

VERBE, 7, 8, 28, 32, 33, 88, 158, 174, 189
VÉRITÉ, 172
VIE, 20, 48, 49, 163, 164
   EXISTER, 175
   NAÎTRE, 48
   RESPIRATION, 16, 36, 49, 50, 164, 167

Table des matières

Du même auteur 4
Introduction 7

I
HONNEUR DES HOMMES, SAINT LANGAGE

Chapitre I : Un mot vaut mille images 15
Appeler les choses par leur son 16
   SOUFFLER LA RÉPONSE 16
   COQS ET COUCOUS SONT COCUS 17
   BÉBÉ M MAMAN 18
   TOUT CELA, ÇA RIME À QUOI ? 20
   V'LÀ LE BEAU MOT, V'LÀ LE JOLI MOT 21
   BARBARISSIMOTS 23
   DES MOTS POUR LE DIRE 25
Dessine-moi un mot 26
Abracadabra ! 28
   LA MAGIE DU VERBE 28
   NOM DE NOM ! 30
   NOM, C'EST NOM 32

II
Ô SERMENTS ! Ô PARFUMS !
Ô BAISERS INFINIS !

Chapitre II : Des idées dans l'air 36
En voilà une idée ! 36
Les idées ambiantes 38

Chapitre III : Le principe élément terre   42
   La séparation des eaux : l'eau et l'air   42
   Terre à terre   43
   Tout feu tout flamme   44
   Le nombre 4   45

Chapitre IV : Un naître humain   48
   La vie recommence   48
   Vive la vie !   49
   Le vif argent   51

Chapitre V : Des goûts et des couleurs, on discute   55
   Dans quel sens ?   55
   Je sens tout cela   56
   J'ouïe…   58
   Je vois…   59
   J'ai le goût   60
   Je suis touché   61
   Dans tous les sens   62

Chapitre VI : Les é-motions et ex-pressions   65
   Exprimer   65
   Humeurs et couleurs   66
   Astres et dieux   68
   Mort-dre !   68

Chapitre VII : De tout mon cœur sans passion   73
   Un grand cœur   73
   Passion ne ment ?   74
   Au fond, à gauche…   75
   Atout cœur !   76

Chapitre VIII 79
L'amour de toi 79
L'amour en minuscules 79
L'union fait la sauce… 80
… et la sauce est parfois ratée 81

III
UNE ATMOSPHÈRE OBSCURE ENVELOPPE LA VILLE, AUX UNS PORTANT LA PAIX, AUX AUTRES LE SOUCI.

Chapitre IX : L'apprenti sage 84
Peser ses mots 84
Avoir raison sans raison ? 85
Le sujet est en premier 87
Lire, c'est intel-lisant ! 89
C'est appris-voisé 90
La preuve par neuve 91

Chapitre X : Le comportement géométrique 94
Tout à fait réglo 94
Figure-toi que… 97
Dans quelle mesure ? 98

Chapitre XI : Le corps et les anticorps 99
L'esprit de corps 99
Ventriloquie 101
La nubésité 102
L'ANCIEN ET LE NOUVEAU 102
LE GROS OGRE 103
Et maintenant, si on parlait de cul ? 104
INCONVÉNIENTS DE LA CÉLÉBRITÉ 105
QUAND IL Y A DE LA GÊNE, Y'A DU PLAISIR 106

Chapitre XII : Le pinceau et la coquille 109
   Le sexe appelle 110
      RESTONS JEUNES 110
      LE Q DE LA QUEUE ET LE S DE... 111
   Mission impossible 112
      VA TE FAIRE... 112
      LES ÉROS DE NOTRE TEMPS 113
      CECI EST UNE PIPE! 114
   La machine génitale 115
      CET OBSCUR OBJET DU PLAISIR 115
      LE SEXE À PILES 116
   Dis-moi qui tu fréquentes et je te dirai... 117
      DES JEUX PLUS OU MOINS CATHOLIQUES 118
      ENCORE UN CONGRÈS! 119
      LES BAS-FONDS DU BAS-VENTRE 119
      UN MONDE CAPOTÉ 120

Chapitre XIII : La sotte siété à satiété 123
   Les civilisés et les autres 123
   C'est de ta faute! 126
   Un monde propre propre propre 128
   Les hauts et les bas 129
   La directitude politique 130
   L'idiot-logie 133
   La langue de béton 134
   La langue vivante 136

Chapitre XIV : Le mal a dit 140
   Tomber malade 140
   Les nouveaux prêtres 141
   Le patient impatient 143

IV
LE XXIᵉ SIÈCLE SERA SPIRITUEL OU NE SERA PAS

Chapitre XV : Le clair obscur	146
Dans la nuit des temps	147
L'ombre nous nuit	149
L'OMBRE EST SOMBRE	149
SONGE ET MENSONGE	150
LE DÉMENT CIEL	150
Ô dieux odieux ?	151
PETITS ET GRANDS GÉNIES	151
ESPRIT, ES-TU LÀ ?	152
LUCIFER EST-IL UN DÉMON DIABOLIQUE ?	155
La messagerie céleste	157
ASTROLOGIQUEMENT VÔTRE	157
ANGÉLIQUE ET LUCIEN SONT LUMINEUX	158
Chapitre XVI : La mort n'existe pas	163
Les derniers moments	163
Il se reposa l'ultime jour	164
L'au-delà du monde	165
LA MAIN DU DESTIN	165
BON VOYAGE	166
Chapitre XVII : Un point c'est tout	169
Nous sommes tous ego	170
La vérité ?	172
Être est le Verbe et le Nom	174
ÊTRE DEBOUT EST UN PLÉONASME	174
RÉPONDRE PRÉSENT	175

Ra-Dieu	176
EN TON NOM	176
DIEU RAYONNE	177
L'Unité	178
UN ET ZÉRO (1 + 0)	178
LE UN EST LE 1er	179
L'UNION COSMIQUE	180
Pas ou Point?	180
Conclusion ?	185
Bibliographie	190
Index	192

www.ingramcontent.com/pod-product-compliance
Lightning Source LLC
Chambersburg PA
CBHW030037100526
44590CB00011B/237